"十四五"职业教育国家规划教材

职业教育校企合作精品教材

市场营销知识
（第3版）

主 编 薛 聪

电子工业出版社·

Publishing House of Electronics Industry

北京·BEIJING

内容简介

本书全面介绍了市场营销的知识体系，并结合大量实训、实例，系统阐述市场营销的主要内容。本书主要内容包括感悟市场营销、市场营销环境分析、消费品市场分析、确定目标市场、制定产品策略、选择定价策略、建立销售渠道、开展产品促销及创新市场营销。本教材还配有免费电子教学参考资料包（包括电子教案、教学指南及习题答案等）。

本书既可作为中等职业学校财经商贸类专业的教学用书，也可作为在职营销人员的参考资料和培训用书。

图书在版编目（CIP）数据

市场营销知识/薛聪主编 . —3 版 . —北京：电子工业出版社，2021. 12

ISBN 978-7-121-42602-5

Ⅰ. ①市… Ⅱ. ①薛… Ⅲ. ①市场营销学 Ⅳ. ①F713. 50

中国版本图书馆 CIP 数据核字（2022）第 015195 号

责任编辑：王志宇　　文字编辑：靳　平

印　　刷：三河市君旺印务有限公司

装　　订：三河市君旺印务有限公司

出版发行：电子工业出版社

　　　　　北京市海淀区万寿路 173 信箱　邮编 100036

开　　本：880×1 230　1/16　印张：10. 75　字数：241 千字

版　　次：2014 年 8 月第 1 版

　　　　　2021 年 12 月第 3 版

印　　次：2025 年 1 月第13次印刷

定　　价：39. 00 元

凡所购买电子工业出版社图书有缺损问题，请向购买书店调换。若书店售缺，请与本社发行部联系，联系及邮购电话：(010) 88254888，88258888。

质量投诉请发邮件至 zlts@ phei. com. cn，盗版侵权举报请发邮件至 dbqq@ phei. com. cn。

本书咨询联系方式：(010) 88254523，wangzy@ phei. com. cn。

职业教育校企合作精品教材
出版说明

　　为深入贯彻落实《河南省职业教育校企合作促进办法（试行）》（豫政〔2012〕48号）精神，切实推进职教攻坚二期工程，我们在深入行业、企业、职业院校调研的基础上，经过充分论证，按照校企"1+1"双主编与校企编者"1∶1"的原则要求，组织有关职业院校一线骨干教师和行业、企业专家，编写了河南省中等职业学校市场营销专业校企合作精品教材。

　　这套校企合作精品教材的特点主要体现在：一是注重与行业的联系，实现专业课程内容与职业标准对接，学历证书与职业资格证书对接；二是注重与企业的联系，将"新技术、新知识、新工艺、新方法"及时编入教材，使教材内容更具前瞻性、针对性和实用性；三是反映技术技能型人才培养规律，把职业岗位需要的技能、知识、素质有机地整合到一起，真正实现教材从以知识体系为主向以技能体系为主的跨越；四是教学过程对接生产过程，充分体现"做中学，做中教""做、学、教"一体化的职业教育教学特色。我们力争通过本套教材的出版和使用，为全面推行"校企合作、工学结合、顶岗实习"人才培养模式的实施提供教材保障，为深入推进职业教育校企合作做出贡献。

　　在这套校企合作精品教材的编写过程中，校企双方编写人员力求体现校企合作精神，努力将教材高质量地呈现给广大师生。但由于本次教材编写是一次创新性的工作，书中难免存在不足之处，敬请读者提出宝贵意见和建议。

河南省职业技术教育教学研究室

2014 年 5 月

第 3 版前言

市场营销知识是中等职业学校财经商贸类专业的一门必修的专业基础课程。本书经过2014 年的第 1 次出版、2019 年的第 2 次出版，一直都在结合课程自身的特点和发展变化、知识结构的调整要求、实际教学工作的需要以及弥补教材中可能存在的问题与缺陷等进行不断的更新和修正。本次教材在修订过程中依托全国中等职业学校新一轮专业目录调整，深化专业课程改革、校企深度融合的精神开展，同时结合中等职业学校专业教学标准，按照理论知识与实践知识紧密结合，突出模块式教学、案例式教学、情景式教学与课后实践相结合的教学思路，在完整且扼要地阐述市场营销学基本理论知识的同时，注重培养和提升财经商贸类专业学生的综合能力，特别是基本技能、实践能力和创新创业能力。

本次修订在第 2 版的基础上，结合时下营销方式的更新，更新了绝大部分的案例内容。另外变化较大的是，教材体例全部改成了项目一任务式，以凸显职业教育提升实践能力的人才培养理念与做法，并努力建立起以培养实践岗位能力为需要的教材结构。

本书既可作为中等职业学校财经商贸类专业的专业基础课程教材，也可作为在职营销人员的培训教材或自学用书。

本书由河南省职业技术教育教学研究室组织中职学校一线教师与企业方营销管理人员共同编写。其中，主编为河南省商务中等职业学校薛聪，副主编为李铭莹、金旗，参与本书编写工作的人员还有王岩和连菲，河南博堂电子科技有限公司总经理伦敬凯为编写工作提供了大量营销案例。在本书编写过程中，编者参考了国内外大量的市场营销教材、论文和著作，在此对相关作者表示诚挚的感谢！

为了方便教师教学，本书还配有教学指南、电子教案及习题答案等。请有此需要的教师登录华信教育资源网，免费注册后再进行下载。

在本书编写过程中，得到了河南博堂电子科技有限公司和电子工业出版社的大力支持和帮助，在此表示衷心的感谢！由于编者水平有限，所以书中难免有错误之处，敬请各位读者批评、指正。

编　者
2021 年 12 月

第 2 版前言

教材编写组以教育部、河南省政府有关加强职业教育教学合作的精神为指导，积极推进职教教材改革创新，特编写了一批校企合作教材。本书第 1 版已于 2014 年出版，五年来，被全省各地的中职院校广大教师与学生使用，好评如潮。

近几年，新媒体营销发展迅猛，新的营销方式不断出现，对企业和消费者都提出了更新、更高、更全面的要求，特别是近年来出现了很多新思维、新思想、新技术。为了使广大学生能适应现代营销管理的要求，我们在本次修订工作中做了如下调整。

（1）系统地修改和完善了课后习题，为教师的教学提供便利。

（2）由于营销思维的不断更新，更新了书中绝大部分的营销案例。

（3）第 6 章增加了关于定价程序的内容。

（4）第 7 章增加了关于分销渠道设计步骤的内容。

（5）第 9 章删除了整合营销的内容，更换为文化营销的内容。

总之，我们尽量保持原书的框架及风格，既方便学生的学习，又助力教师的教学，希望能够给广大读者带来更大的帮助。

本书既可作为中等职业学校财经商贸类专业的专业基础课程教材，也可作为在职营销人员的培训教材或自学用书。

本书由河南省职业技术教育教学研究室组织中职学校一线教师与企业方营销管理人员共同编写。在本书编写过程中，编者参考了国内外大量的市场营销教材、论文和著作，在此对相关作者表示诚挚的感谢！

为了方便教师教学，本教材还配有教学指南、电子教案及习题答案等。请有此需要的教师登录华信教育资源网，免费注册后再进行下载，如有问题请在网站留言板留言或与电子工业出版社联系（E-mail：hxedu@phei.com.cn）。

在本书编写过程中，得到了郑州丹尼斯百货有限公司、河南云和数据信息技术有限公司和电子工业出版社的大力支持和帮助，在此表示衷心的感谢！

编 者
2019 年 6 月

第1版前言

在市场竞争越来越激烈的今天，市场营销已经成为决定企业经营成败的重要内容。成功的市场营销，能帮助企业通过更好地发现、满足市场需求来达成自己的目标。正因如此，企业急需既懂现代市场营销理论、又能很好地进行市场营销运作的高素质人才。

教材编写组以教育部、省政府有关加强职业教育校企合作的精神为指导，积极推进职教教材改革创新，特编写这套校企合作精品教材，并力求具备以下特色。

第一，实用性强。

本教材在编写过程中吸纳企业的新知识、新理念，实现教材内容更具前瞻性、针对性和实用性。放弃了难教难学的市场调查、营销控制等内容，降低了理论难度。教材内容遵从"理论够新够用"的基本原则，在跟踪国内外营销理论最新发展的前提下，实现教材与岗位技术标准对接，学校教学过程与企业生产过程对接。

第二，注重培养学生的营销技能。

本书是"以能力为本位"的新型市场营销教材，紧紧围绕学生"市场营销职业能力形成"这一主线，创新性地将市场营销职业能力细分为专业能力、社会能力、方法能力、营销思维能力、营销做人能力等几方面，采用营销故事、案例分析、思维训练、营销游戏、角色扮演、模拟训练、实战演练等多样化的训练方式，使学生市场营销能力的培养更为具体、全面、科学、有效。

第三，体例新颖，内容生动。

本教材在借鉴国内优秀营销教材编写方式的基础上，结合企业岗位实际，力求整个教材体例新颖、内容生动。

在每一章的开始，设有"引例"，并附有对案例的启示。以引人入胜的导入案例，帮助学生快速进入本章内容的学习轨道。

在每一章的叙述过程中，穿插安排了营销案例、名人名句、小贴士、小思考栏目。

营销案例——提供有趣、短小的企业营销实例，使学生了解营销成功的经验与失败的教训。

名人名句——提供营销大师的至理名言。

小贴士——提供具有极高实用价值的营销资料，并附上相应的信息资源，扩展学生的知识面。

小思考——学习的"缓冲器"，可以帮助学生暂缓学习的脚步，以整理学过的内容，并为下面的学习做好准备。

在每一章的结束部分，均附有多种题型的练习与实训，以供学生练习，并可检测学生对本章所学基本知识的掌握情况，达到边学边练、分层次学习的目的。

本书可作为中等职业学校财经商贸专业的基础课程教材，也可作为在职营销人员的培训教材或自学用书。

　　本书由河南省职业技术教育教学研究室组织中职学校一线教师与企业方营销管理人员共同编写。在本书编写过程中，编者参考了国内外大量的市场营销教材、论文和著作，在此对相关作者表示诚挚的感谢！

　　为了方便教师教学，本书还配有教学指南、电子教案及习题答案等。请有此需要的教师登录华信教育资源网，免费注册后再进行下载，如有问题请在网站留言板留言或与电子工业出版社联系（E-mail：hxedu@phei.com.cn）。

　　在本书的编写过程中，得到了郑州丹尼斯百货有限公司、百度营销大学河南运营中心和电子工业出版社的大力支持和帮助，在此表示衷心的感谢！

编　者

2014 年 5 月

目　　录

项目一　感悟市场营销

知识要点

◎ 了解市场的由来及类型

◎ 知道"营销是什么"和"为什么营销"

◎ 掌握市场营销涉及的核心概念

◎ 了解市场营销观念的演变，掌握现代市场营销观念的内容

能力要点

◎ 具有运用市场概念和特征分析营销市场的能力

◎ 自觉运用现代营销观念指导市场营销实践

引例1——揭秘海尔公司"官V"如何与用户进行深度互动

一般网民对某个公司的官方微博的认识，大概还只停留在微博上发布公司的产品或发布公司领导人的动态等。作为传统家电企业的海尔公司却将"官V"这样的新媒体，打造成企业与用户进行深度互动的桥梁与平台。

1. "给朕打入冷宫"

2016年1月，"故宫淘宝"网店的粉丝给海尔公司提建议："能不能出一款冰箱叫'冷宫'，这样当我们把剩饭、剩菜放入冰箱时，都可以将其说成'给朕打入冷宫'。"一个粉丝"@"了海尔公司，想让海尔公司出一款这样的冰箱。新浪微博截图（1）如图1-1所示。

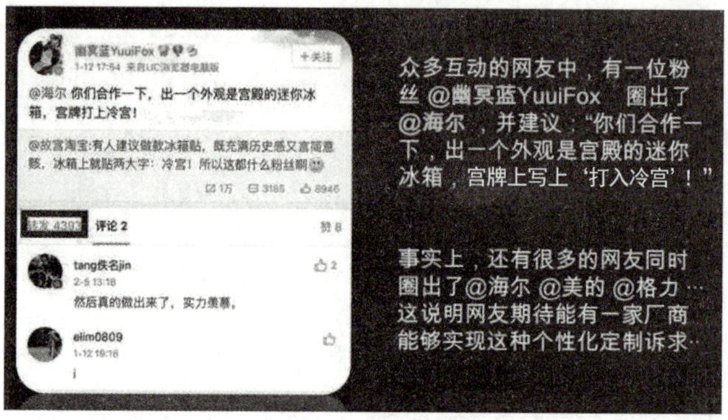

图1-1　新浪微博截图（1）

然后，海尔公司回复网友的是"容我考虑一下"。24小时后，海尔公司"官V"推出"冷宫"冰箱设计图（见图1-2)！这让很多网友觉得不可思议，印象中一个冷冰冰的"官V"竟然回复了，还真考虑了！

接下来，7天时间里，海尔公司收到了1 000多名网友提出的反馈意见，包括冰箱设计的结构，采用宫廷窗户式样，窗户可以被点亮、可以显示温度……工程师根据网友意见进行修改。15天后，海尔公司正式推出样机，并将第一台样机送给了客户。最终，用户变成企业的合伙人，海尔公司邀请海尔公司"官V"30多万名粉丝参与这个产品研发、设计、制造、营销的整个过程。

图1-2　"冷宫"冰箱设计图

2．"咕咚手持洗衣机"

有些顾客则向海尔公司反映，有时候出差，衣服也要洗，但不太方便，是否能生产一款便携式洗衣机。于是，海尔公司亚洲团队就把这个顾客的反映发到了网上。结果没想到，这条微博发出去之后，有4万多条转发、6 000多条评论。新浪微博截图（2）如图1-3所示。海尔公司在分析了顾客大数据后发现，四川省、重庆市、湖南省这3个地区的用户需求最强烈，因为这几个地区的人们最喜欢吃火锅，而吃火锅时油容易滴在身上，因此这几个地区对这项需求是迫切的。随后，这项产品的形状、外形、颜色甚至命名，都是由顾客参与新媒体内容运营而得出的。最终，海尔公司研发出一款便携式洗衣机——采用3节7号电池驱动、极速洗净污渍的洗衣机。顾客可以在"倒计时15天"内预约这款产品，当天预约量破40万台，半年之内这款产品卖出了20万台。

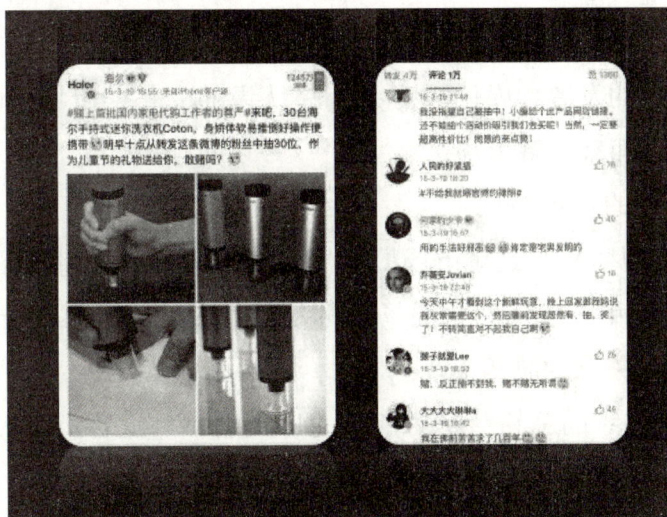

图1-3 新浪微博截图（2）

作为中国传统家电企业，海尔公司在激烈的市场竞争中能保持高增长的利润率，主要靠的是不断创新的产品和系统的营销活动。这正体现了海尔公司"以顾客为中心、以市场为导向"的营销理念。

任务一 认识市场

"市场"一词我们都不陌生，因为它与我们的日常生活息息相关。例如，我们买菜要去农贸市场，购置新衣要去服装市场，采买日用品要去超市等。

企业的一切营销活动都是在特定的市场环境下进行的，并且受到市场的制约和影响。因此，我们要认识市场、研究市场，才能适应市场，并最终驾驭市场。那么，我们首先来了解一下什么是市场。

↪ 1.1.1 市场的含义

市场是一个非常古老的概念。当我国古代社会进入农业时期，生产力有了一定发展后，人们就开始用少量剩余产品进行交换，进而产生了原始的市场。在《周易》中就有了"日中为市，致天下之民，聚天下之货，交易而退，各得其所"这样对市场景象的描述。

🧩 小贴士   **"市井"的由来**

"市"在古代又称"市井"，这是因为最初的交易都是在井边进行的。这样做有两点好处：一是便于商人、牲畜用水；二是便于洗涤产品。古时的这一风俗延续了下来，"市井"一词也一直沿用至今。

随着人类产品交易的发展和人们对产品交易认识的变化，市场的含义也在逐步扩展，我们可以从以下3个方面来理解市场。

1. 市场是产品交换的场所

"市场是产品交换的场所"是对市场的狭义理解。这种认识将市场看成一个特定的空间。我们所熟知的"集市""超市""商场"都是产品交易的场所或地点。

2. 市场是产品交换关系的总和

"市场是产品交换关系的总和"是对市场的广义理解。随着产品交换日益丰富，交换的形式也越来越复杂，交易双方已不再局限于某个固定、有形的地点。因此，市场不再只是一个空间概念，而是发展为产品交换时买卖双方关系的组成。

3. 市场是某种产品所有现实与潜在需求的集合

"市场是某种产品所有现实与潜在需求的集合"是从营销角度对市场的理解。这种认识是把市场看成企业产品的购买者，即市场是由那些具有特定需要，而且愿意并能够通过交换来满足其需求的全部消费者构成的，并包括3个主要因素：有某种需要的人、为满足这种需要的购买力和购买欲望，用公式概括为

$$市场 = 人口 + 购买力 + 购买欲望$$

市场的这3个因素是相互制约、缺一不可的。例如，一个地区人口众多，但收入很低，购买力有限，则不能构成容量很大的市场。又如，某个地区个人购买力虽然很强，但人口很少，也不能成为容量很大的市场。只有这个地区人口既多，购买力又强，才能成为一个有潜力的大市场。但是，如果产品不能引起人们的购买欲望，对销售者来说，仍然不能成为现实的市场。所以，市场是上述3个因素的统一。

案例1   **丰田汽车进入美国市场的"神秘"之道**

一次，一个美国家庭住进了一位日本客人。奇怪的是，这位日本客人每天在做笔记，记录美国人居家生活的各种细节，包括吃什么食物、看什么电视节目等。一个月后，日本

客人走了。不久，丰田公司推出了根据当时美国家庭需求而设计的价廉物美的旅行车，特别是针对美国男士（尤其是年轻人）喜爱喝玻璃瓶装饮料而非纸盒装的饮料，让日本设计师专门在车内设计了能冷藏并安全放置玻璃瓶的柜子。因此，该旅行车大受美国消费者的欢迎。直到此时，丰田公司才在报上刊登了其对美国家庭的研究报告，并向那户人家致歉，同时表示感谢。

（资料来源：彭石普．市场营销——理论、实务、案例、实训．东北财经大学出版社）

↳ 1.1.2 市场的类型

市场可以按照不同的划分方法进行分类。常见的市场类型有以下几种。

（1）根据市场范围划分，市场可分为本地市场和外地市场、城镇市场和农村市场、国内市场和国际市场等。

（2）根据购买主体划分，市场可分为消费者市场、生产者市场、中间商市场和政府市场。

（3）根据交易对象划分，市场可分为消费品市场、生产资料市场、技术市场、金融市场和人才市场等。

小贴士　　　　　　　　索尼公司创造市场

索尼公司是走在前面引导消费者开展营销的一个公司。索尼公司是驱动市场的公司，而不是受市场驱动的公司。索尼公司的创始人盛田昭夫说："索尼公司不是服务于市场的，索尼公司是创造市场的。"索尼公司成功生产了许多消费者还没询问甚至还没有想到的许多新产品，如随身听、录像机、摄像机、CD机等。

？ 我们经常网购的"淘宝网"是什么类型的市场呢？

任务二　认识市场营销

我们生活在一个市场营销的世界中。一个能够将自己的知识成功传授给学生的人，他在教师这个岗位上就是成功的营销员；一个能够用自己的理念和能力将工厂经营得井井有条的人，他在管理者这个职位上就是成功的营销员；一个能够用自己的热忱、善良、诚实、正直打动朋友的人，他在担当朋友这个角色上就是成功的营销员……我们说"市场营销"，不仅仅是一个专业术语，更是一种生活方式。

> 从本质上说，营销就是一门吸引和留住有利可图的消费者的艺术。
> ——〔美〕菲利普·科特勒

➡ 1.2.1 市场营销的含义

那么，到底什么是市场营销呢？一直以来，很多人都误以为市场营销就是卖东西、做推销，这样理解市场营销就比较狭隘了。市场营销不只局限于卖东西，更重要的是在于如何根据消费者的需求将东西卖得好的过程。

因此，市场营销是以满足消费者需求为出发点，综合运用各种策略、手段，把产品和服务销售给消费者，并最终实现企业自身目标的经营活动。市场营销包括市场调研，产品的构思和设计，产品的生产、定价、渠道、促销和售后服务等一系列内容。

？ 你知道"营销"与"推销"的区别吗？

➡ 1.2.2 市场营销的核心概念

为了进一步理解市场营销的内涵，我们有必要讨论与之相关的3组概念。这3组概念相互关联，既揭示出市场营销的核心特征，又反映了市场营销达到目标的基本过程。它们分别是需要、欲望和需求；产品和服务；交换、交易和关系。

1. 需要、欲望和需求

> 一家医院，不管医生有多么重要，必须明白他是为病人存在的。
> ——〔美〕彼得·德鲁克

人的需要和欲望是市场营销的出发点。需要是指人们没有被满足时的感受状态，包括对食物、衣服、住所、安全、爱情等方面的需要。

欲望是指人们想使某些基本需要得到具体满足的愿望。与需要不同的是，欲望有着明确的指向性和选择性。例如，我渴了，可以选择喝茶、喝咖啡，也可以选择喝果汁等。正是欲望的这种特点，为人们不断开发新产品提供了广阔的空间。

需求是指人们有能力购买，并且愿意购买某个产品的欲望。例如，许多人都想拥有一栋高级别墅，但只有少数人能够并愿意购买它。因此，企业既要估量这种需要的规模，更要了解有多少人有实际的购买能力。

2. 产品和服务

在商品经济社会，人们靠产品和服务来满足自己的各种需要和欲望。产品可以是具体的实物，如汽车、电视机和服装；也可以是"无形"的活动，即所谓的无形产品——服务，如银行的金融服务、家政服务、美容服务等。

我们在购买实体产品时，不仅仅在于拥有它们，更在于使用它们来满足我们的欲望。我们买洗衣机是因为它能提供一种更容易使衣物变洁净的服务；我们买车是因为它能让我们出行更便捷。所以，产品实际上是向我们传送服务的工具。

作为企业，更应关注产品给消费者创造的体验，而不只是产品本身。例如，佩戴劳力士手表不仅能方便消费者看时间，还能彰显消费者的身份。

3. 交换、交易和关系

交换是市场营销的核心概念，是指以提供某种东西为回报，从别人那里取得所需物品的行为和过程。

交易是指买卖双方以货币为媒介的价值交换过程。例如，支付 2 000 元人民币从国美电器公司购买一台电视机，就是一次交易过程。

营销的本质就是开发令人满意的交易。因此，企业与消费者之间应建立良好的关系，使双方都能从中获益。如果通过交易过程，能够与消费者建立起以价值、情感和社会利益为纽带的长期关系，则有利于企业达成长期发展的目标。

案例 2　这 1 万家店放什么歌，网易云音乐称"由你来决定"

在生活中，你留意过背景音乐（Back Ground Music，BGM）吗？在公交车、地铁上，很多人常常戴上耳机，把自己塞进另一个世界里。当你进入某家餐厅吃饭时，此时的背景音乐可能不是你所中意的，有什么办法可以解决呢？其实每个人都有一个出场自带背景音乐的梦想，现在，这个梦想可以成为现实了。

网易云音乐和口碑网达成平台合作，使用户在口碑网门店可以扫口碑码使用"点歌台"，如图 1-4 所示，从而在网易云音乐的内容列表中选择中意的歌曲。这些用户数据会被后台收集。每一首歌曲播放期间可被看成一轮投票，点播次数最多的歌曲会自动成为下一首，有点类似 KTV 的切歌置顶功能。目前，Kuma Cafe（南京艾尚天地店）、四川香天下火锅（苏州观前店）、南京大牌档（北京悠唐广场店）、猪爸餐厅（杭州嘉里中心店）这四家门店已经开放体验扫口碑码使用"点歌台"。未来，这个体验有望在全国 10 000 家口碑网人气商户落地，包括餐厅、健身房、便利店、KTV 等。

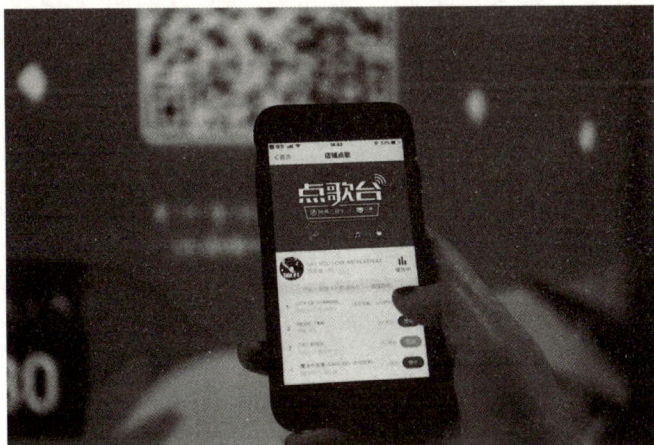

图 1-4　扫口碑码使用"点歌台"

↦ 1.2.3　市场营销组合

市场营销组合是指企业针对目标市场的需要，综合考虑环境、能力、竞争状况，对自己可控制的各种营销因素进行优化组合和综合运用，使之协调配合、扬长避短、发挥优势，以取得更好的经济效益和社会效益。

市场营销组合的概念是由美国哈佛大学教授尼尔·鲍顿于1964年最早提出的，它是制定企业营销战略的基础。美国营销学学者麦卡锡教授于1960年在其《基础营销学》一书中第一次将企业的营销要素归结为4个基本策略的组合，即著名的"4P"理论：产品（Product）、价格（Price）、渠道（Place）、促销（Promotion）。由于这4个单词的英文首字母都是P，所以概括为"4P"理论。

产品：企业提供给目标市场的货物、服务的集合，包括产品的效用、质量、外观、式样、品牌、包装和规格，还包括服务和保证等因素。

价格：企业根据不同的市场定位，制定不同的价格策略。

渠道：企业为使其产品进入目标市场所组织、实施的各种活动，包括途径、环节、场所、仓储和运输等。

促销：企业利用各种信息载体与目标市场进行沟通的传播活动，包括广告、人员推销、营业推广与公共关系等。

案例3　"雀巢"咖啡通过营销组合策略成功进入中国市场

1987年，"雀巢"咖啡成功进入中国市场。当时，雀巢公司对中国内地和中国香港市场进行了全面的市场调查，制定了以下市场营销组合策略。

（1）产品策略。雀巢公司通过调查发现，影响人们购买咖啡的主要因素是口味。经过研究，雀巢公司认为中国内地的消费潮流受中国香港的影响，于是将咖啡的口味定位为以苦味为主。

（2）价格策略。在美国市场上，"雀巢"是名牌，而其在中国内地的竞争对手"麦式"咖啡没有其知名度高，两者价格相差近30%。雀巢公司决定保持这种价格差，并同时以相应的促销策略作为配合。

（3）地点策略。为显示产品的档次，"雀巢"咖啡一般只供给中档以上的商店，不在小店出现。

（4）促销策略。①雀巢公司选择了京、津、沪三大城市的地方电视台和中央电视台同时播出广告，传播了"雀巢"咖啡"味道好极了"的良好品牌形象。②雀巢公司在京、津、沪三大城市多次举办名流品尝会，并为人民大会堂和一些重要会议免费提供咖啡，形成了名流只喝"雀巢"咖啡的时尚。③在营业推广上，雀巢公司采用较受中国内地消费者欢迎的买一赠一、买咖啡送伴侣等促销形式。

? 考虑一个有趣的问题：

某人打算开个饮食店，请你替他出出主意，告诉他如何进行市场营销。

任务三　树立市场营销观念

市场营销作为一种有意识的经营活动，是在一定的思想指导下进行的。随着生产发展、科技进步和市场环境的改变，营销观念也在不断地变化。有着"直销管理之父"称誉的美国营销学者莱斯特·温德曼，曾一针见血地指出：在工业革命时代，制造者说："这是我制造的，你愿意买它吗？"而在信息时代，消费者在问："这是我需要的，你愿意制造它吗？"这段话印证了市场营销观念的变化。那么，近百年来，到底产生过哪些营销观念呢？

1.3.1　市场营销观念的演变

1. 生产观念

生产观念是最古老的一种经营指导思想，产生于 20 世纪 20 年代以前。当时，由于社会生产力不发达，许多产品严重供不应求，企业生产出的产品很容易卖出去。

生产观念认为，消费者可以接受任何买得到并买得起的产品，企业只要通过提高产量，降低生产成本，就可获得巨额利润。其经营思想为"我生产什么，就卖什么"。

美国汽车大王福特公司，在生产闻名世界的 T 形汽车时，曾傲慢地说："不管消费者需要什么颜色的汽车，我只有一种黑色的。"言下之意你爱买不买，这是生产观念的典型表现。我国在计划经济旧体制下，由于市场产品短缺，企业不愁销路，那时奉行的就是生产观念。

2. 产品观念

产品观念与生产观念类似，都属于以生产为中心的经营理念。其区别在于前者注重"以质取胜"，后者只强调"以量取胜"。这种观念认为，只要产品质量好，技术独到，自然会消费者盈门。

其实，这是一种"市场营销近视症"，即在市场营销中缺乏远见，片面追求产品的质量而忽略消费者需求的变化。例如，一家捕鼠器厂千方百计地制造"更好的捕鼠器"，却忘记了消费者只是要找到更好的灭鼠方法，而不一定是捕鼠器。

案例 4　美国化妆品，日本消费者称"我们不感冒"

在美国的化妆品生产行业有一句名言：日本的化妆品市场是美国商人难以攀登的富士山！美国化妆品进入日本市场时，进行了大规模的广告宣传、促销活动，但日本人对此就是无动于衷，导致销量很少！美国的商人通过大量的调查研究发现，原来是美国人生产的化妆品色彩不适合于日本人购买化妆品的心理。

在美国，人们认为皮肤略为深色或稍黑一些是富裕阶层的象征，如到海滩去晒太阳是一种比较普遍的休闲活动，而且生活越富裕，去海滩晒太阳的机会越多，皮肤也就越黑，所以皮肤晒得越黑的人，说明其社会地位和生活的富裕程度越高！在化妆的时候，人们习惯于使用深色的化妆品，以显示自己的社会地位。而日本人的皮肤属于东方人的皮肤类型，日本人崇尚白色，化妆时不喜欢使用深色的化妆品，所以日本人对于美国人的那种略为深色的化妆品需求量很少。美国产品的失败并非因其自身质量不好、品牌不响，而是从开始就没有注意到日本消费者的消费心理，导致同样的产品在不同的消费者市场有不同的反响。

3. 推销观念

推销观念产生于20世纪20年代末，是卖方市场向买方市场过渡时产生的一种营销观念。

推销观念认为，消费者不会购买非必需的产品，因此企业必须用有效的人员推销和促销手段，刺激并诱导消费者购买。其经营思想表现为"我们能卖什么，消费者就买什么"，只强调了产品的销售环节，但没有真正从满足消费者需求的角度考虑。例如，曾经红极一时的三株公司，1994年销售额达1.25亿元人民币，而1996年销售额则达到惊人的80亿元人民币。支撑这个销售奇迹的是三株公司惊人的推销手段。三株公司在全国所有大中城市注册了600多个子公司，吸纳了约15万名推销人员，且三株公司的传单、标语和横幅满天飞，成为家喻户晓的名牌。但是，不久后三株公司销售业绩开始逐年滑坡，一个曾经盛极一时的品牌就这样逐渐被人们淡忘了。

4. 市场营销观念

市场营销观念产生于20世纪50年代，当时社会生产发展迅速，企业竞争日趋激烈，市场趋势表现为供过于求的买方市场。许多企业意识到，必须转变经营观念，才能求得生存与发展。于是，以消费者的需要为中心的市场营销观念随之形成，其具体表现为"消费者需要什么，企业就生产什么"，其经典的口号是"顾客至上""顾客就是上帝"。

市场营销观念的出现是企业经营理念上的一次重大变革，对企业的营销活动产生了深远的影响。例如，肯德基公司根据中国人的饮食习惯，陆续推出了"安心油条""豆浆""皮蛋瘦肉粥"等具有中国特色的食品。

案例5　沃尔玛公司成功的秘诀

"顾客至上、为顾客提供周到服务"是沃尔玛公司成功的一条基本经验，也是该公司的竞争优势。沃尔玛公司的"顾客至上"具体体现在以下3个方面。

（1）日落原则。沃尔玛公司创始人山姆·沃尔顿有句名言："如果你今天能够完成的工作，为什么要把它拖到明天呢？"具体就是，对顾客的要求必须在当天予以满足，做到日清日结，不能拖延。

（2）向顾客提供比满意更满意的服务。沃尔玛公司要求员工，向每位顾客提供比满意更满意的服务。一项服务，光让顾客满意还不够，还应当想方设法提供让顾客感到惊喜的服务。在沃尔玛公司，这种"超值服务"的事例屡见不鲜。一位名叫萨拉的员工奋不顾身，把一名儿童从马路中央拉开，避免了一起交通事故；另一位名叫菲力斯的员工，对突发心脏病的顾客实施紧急救护，使其转危为安。

（3）十步原则。沃尔玛公司要求员工，无论在何时、何地，只要顾客出现在十步的范围内，都应该看着顾客的眼睛，主动打招呼，询问是否需要帮助。

不断了解顾客的需要，设身处地为顾客着想，为顾客提供超值的服务，超越顾客的期望，这无疑是沃尔玛公司成功的重要秘诀之一。

5. 社会市场营销观念

进入 20 世纪 70 年代后，市场营销环境发生了一系列新的变化，环境恶化、资源浪费等问题日益严重。例如，美国饮料行业为了满足消费者的需要，大量生产并使用一次性塑料瓶，由于无法得到有效处理，造成了资源的浪费和环境的污染；快餐行业提供可口的汉堡包、油炸食品等，但这些食品缺乏营养，不利于健康。针对这些情况，社会市场营销观念应运而生。社会市场营销观念要求企业顾及消费者与社会长远利益。

社会市场营销观念认为，企业的营销活动在满足消费者需求、取得合理利润的同时，还必须承担起社会责任，不能为了实现企业的营销目标而损害社会利益。社会市场营销观念强调要正确处理消费者需求、企业利润和社会利益之间的矛盾，统筹兼顾，求得平衡与协调。

社会市场营销观念是对市场营销观念的补充与完善。社会市场营销观念从更高的角度对人类的社会活动及未来发展给予了关注。例如，海尔公司推出绿色节能空调，省电又环保；在汶川大地震发生后，王老吉捐款 1 亿元人民币，成为中国食品业界"第一捐"，这也充分彰显了人道主义和企业责任。

➡ 1.3.2 新旧营销观念的区别

上述五种营销观念可以归纳为两大类。其中，生产观念、产品观念和推销观念称为传统营销观念，简称旧观念；市场营销观念和社会市场营销观念称为现代营销观念，简称新观念。新、旧观念存在着本质的区别，传统营销观念与现代营销观念的区别如表 1-1 所示。

表 1-1 传统营销观念与现代营销观念的区别

类　型	出 发 点	中　心	手　段	目　标
传统营销观念	企业	产品	扩大生产、提高质量、加强推销等	重视眼前利益，以获取最终利润为目标
现代营销观念	市场	消费者需要	加强市场调研，注重售后服务和信息反馈	着眼于长期的整体利益，从消费者的需要中获利

练习与实训一

一、判断题（正确的打"√"，错误的打"×"）

1. 对企业来说，构成现实市场的必备要素是人口、成年资格和购买欲望。　　（　　）

2. 衡量新、旧观念的根本标志是看企业营销以自我为中心还是以消费者为中心。

（　　）

3. 市场上一切"未满足的需要"都可以成为企业的营销机会。（　　）

4. 市场营销的实质就是不断开发潜在的需求，并努力满足消费者的这种需求。（　　）

5. 衣食住行等需求是每个人都需要的，因此所有人的需要都是大体相同的。（　　）

6. 市场营销观念的一个重要特征就是将企业利润作为优先考虑的事情。（　　）

二、选择题

1. "中国的奢侈品市场比较大"，这句话中的"市场"指的是（　　）。

A. 市场是交换场所　　　　　　　　B. 市场是供求双方力量的总和

C. 市场是交换关系的总和　　　　　D. 市场是人口、购买力和购买欲望的集合

2. 市场营销的核心是（　　）。

A. 交换　　　　　　B. 销售　　　　　　C. 生产　　　　　　D. 促销

3. "我们能卖什么，消费者就买什么"的经营思想体现了（　　）。

A. 生产观念　　　　B. 产品观念　　　　C. 推销观念　　　　D. 市场营销观念

4. 推销观念的出发点是（　　）。

A. 产品产量　　　　B. 产品质量　　　　C. 产品销售　　　　D. 消费者需求

5. 导致"市场营销近视症"的观念是（　　）。

A. 生产观念　　　　B. 产品观念　　　　C. 推销观念　　　　D. 市场营销观念

三、简答题

1. 如何理解"市场"一词？

2. 简述市场营销的含义。

3. 简述传统营销观念与现代营销观念的区别。

四、案例分析题

有四家公司，其经营决策是：

A公司生产手表，认为只要生产走时准确、造型优美、价格适中的名牌产品，就能获得经营成功。

B公司生产汽车，致力于扩大汽车生产规模，加强管理力度，力图降低成本，从而扩大销售。

C公司生产电子仪器，认为自己的产品不会主动变成现金，只要派出人员大力推销就能取得经营成功。

D公司生产汉堡包，其宗旨是"顾客是上帝"，要尽量努力使顾客购买汉堡包的每一块钱都能买到十足的价值、质量和满意。

（资料来源：黄晓芸，苏智灵. 市场营销案例导读. 中国水利水电出版社)

思考：

请分析上述四家公司分别属于哪种营销观念，以及各种观念的核心思想是什么。你认

为在现代市场营销中应坚持应用哪一种观念。

五、课外实训

1. 在全班同学面前以自我介绍的方式进行两分钟的自我推销训练。

2. 如果你准备在校园周边开一个小型书吧，请运用营销观念分别制定相应的策略来进行经营。

项目二 市场营销环境分析

知识要点

◎ 了解市场营销环境的概念和内容

◎ 掌握市场营销宏观环境和市场营销微观环境的组成和分析方法

◎ 了解市场营销环境对企业营销活动的影响

能力要点

◎ 能够运用市场营销环境的知识，分析企业具体的市场营销环境

◎ 能够根据企业所处的市场营销环境制定相应的市场营销对策

引例2——星巴克公司对中国市场环境分析

一、星巴克公司简介

星巴克（Starbucks）公司是全球最大的咖啡连锁公司，1971年成立，总部位于美国华盛顿州西雅图市。星巴克公司旗下的零售产品包括30多款全球顶级的咖啡豆、手工制作的浓缩咖啡、多款咖啡冷/热饮料、新鲜美味的各式糕点食品，以及丰富多样的咖啡机、咖啡杯等商品。1999年1月，星巴克公司进入中国，在北京中国国际贸易中心开了第一家门店。媒体报道：截至2020年，星巴克公司在中国的门店已有4 200多家。

二、星巴克公司对中国宏观营销环境的分析

1. 人口环境

人口环境主要包括人口总量、年龄结构、受教育程度、家庭结构、人口的地理迁移等要素。其中，人口年龄结构和受教育程度两个要素对星巴克公司的影响最为突出。

中国人口总量较大，人口受教育程度不断提高，城市化进程不断加快，这些都更加有利于星巴克的销售。从人口年龄结构来看，咖啡属于一种外来文化，年轻人对其更容易接受，而老年人则不会轻易改变原有的习惯，所以年轻人是星巴克追逐的主要顾客群体。同时，咖啡文化是一种高品位生活的象征，受教育程度越高的人对生活品位的追求就越高，对咖啡的需求也就越多，并且相同教育程度下的不同人群有着不同的咖啡需求，这些因素都增加了星巴克咖啡的市场需求。此外，随着城市化进程的加快，农村人口转变为城市人口，人口受教育程度不断提高，增加了对星巴克咖啡的潜在需求。

2. 经济环境

经济环境对任何类型的企业都有着重要的影响，星巴克公司同样也受此影响。我国目前处在工业化的初期阶段，这一阶段的特点是居民的收入不高但增长很快。

国民经济的高速增长和居民收入的稳步提高，为星巴克公司在中国的发展提供了稳定的经济环境，并有益于星巴克公司在中国稳步进行市场开拓。此外，从消费结构来分析，我国居民的消费日渐趋于多样化。随着居民收入的增加，生活饮品从过去的茶、白开水到矿泉水，再到今天的各种饮料，高收入人群的生活品位逐渐提高，对星巴克咖啡的需求会越来越多。

3. 文化环境

虽然东西方文化存在很大的差异，中国的传统文化也已根深蒂固，但随着中国的改革开放，人们的思想观念逐步解放，对西方文化的认可程度也越来越高。尤其对于高收入的城市白领阶层来说，他们不仅能包容而且能完全接受西方的咖啡文化。这些都十分有利于星巴克公司在中国的发展。

4. 政治法律环境

星巴克公司经营的是咖啡服务，并不涉及国家的垄断行业和稀缺资源。随着改革开放的加快，中国鼓励外资企业的进入。星巴克公司在中国的发展会处于比较稳定的政治法律环境之中。稳定的政治法律环境是星巴克公司开拓中国市场的基础。

5. 自然环境

星巴克公司从事的是咖啡服务业务，而咖啡的种植对自然环境造成的影响较小。自2008年起，星巴克公司开始在我国云南种植咖啡豆，这无疑会降低它在中国的经营成本。

6. 技术环境

星巴克公司的内部生产技术变动相对较小，和外部的技术竞争也相对稳定，信息技术的进步会增强星巴克公司连锁经营的管理效率。通过对现代信息技术的运用，星巴克公司总部可以在短时间内迅速掌握世界上所有分店的管理现状，并加以有效的指导。信息技术为星巴克公司的连锁管理搭建了高效的平台。

（资料来源：张存明，陈超，李娟. 市场营销策划. 清华大学出版社）

任务一　认知市场营销宏观环境

任何企业总是在一定的环境条件下开展市场营销活动的，因此不可避免地要受到环境因素的影响和制约。环境的变化既能给企业带来营销机会，也能给企业带来营销威胁。因此，企业的经营管理者必须重视对市场营销环境的分析和研究，并根据市场营销环境的变化制定有效的市场营销战略和策略，扬长避短，趋利避害，从而实现自己的市场营销目标。

市场营销环境又称营销环境，是指影响企业市场营销活动的一切参与者和外在影响力。一般来说，市场营销环境按其对市场营销活动影响范围的大小可分为两类：一是市场营销宏观环境，即影响企业市场营销活动的巨大社会力量和自然力量，包括人口、经济、政治与法律、社会文化、自然环境及科学技术等因素；二是市场营销微观环境，即与企业紧密相连、直接影响其市场营销活动的各种参与者，包括企业本身、企业的供应商、营销中介、消费者、竞争者及公众。

？ 在开店过程中，店主会受到哪些因素的影响呢？

➥ 2.1.1　人口环境

人口环境是指人口的数量、结构、地理分布等相关情况。因此，人口的多少直接决定市场的潜在容量；人口的结构和地理分布等人口特性，也会对市场格局产生深刻影响，并直接影响企业市场营销活动。

1. 人口的数量对企业市场营销活动的影响

人口的数量是构成市场规模的主要标志。在人均消费水平一定的情况下，人口越多，市场需求规模就越大。我国人口众多，无疑是一个巨大的市场。人口的迅速增长促进了市场规模的扩大，但是人口增长也可能导致人均收入下降，限制经济发展，从而使市场吸引力降低。

2. 人口的结构对企业市场营销活动的影响

人口的结构主要包括人口的年龄结构、性别结构、家庭结构、社会结构及民族结构。

（1）年龄结构。由于不同年龄层次的消费者生理和心理特征的不同，他们的消费需要、兴趣爱好和消费模式也就存在不同的特征。现阶段，我国人口年龄结构的显著特点是，青少年占总人口比重较大，人口老龄化问题将日益加剧。

🧩 **小贴士**

2015—2035 年，中国将进入急速老龄化阶段，老年人口将从 2.12 亿增加到 4.18 亿，占全国总人口的 29%。大型开发商越来越把养老地产视为一种势在必行的战略选择。万科公司、保利公司等行业巨头早已布局养老地产多年，更多开发商也跃跃欲试。

（资料来源：《2017—2022 年中国人口老龄化市场研究及发展趋势研究报告》）

（2）性别结构。由于不同性别的人在生理与心理上存在着差异，决定了他们不同的消费内容和特点。在学校里，男生的钱一般花在游戏和交际上，女生的钱一般花在零食和梳妆打扮上。

（3）家庭结构。据美国人口理事会的一项调查表明，进入 20 世纪 90 年代中期，世界普遍呈现家庭规模缩小的趋势，这意味着家庭单位数量在不断增加。在我国，"四代同堂"现象已不多见，"三位一体"的小家庭则很普遍，并逐步由城市向乡镇发展。这一趋势必然引起对灶具、家具、家用电器等需求的增加。

（4）民族结构。我国除了汉族，还有 50 多个少数民族。各民族的市场需求存在着很大的差异。因此，企业营销者要注意民族市场的营销，重视开发适合各民族特性、受其欢迎的商品。

3. 人口的地理分布及流动情况对企业市场营销活动的影响

人口的地理分布是指人口在不同地区的密集程度。对营销工作来说，研究人口的地理分布，主要应把握以下几点。

（1）了解一个国家和地区人口地理分布的特点。我国的人口分布主要集中在东南沿海一带，且人口密度由东南向西北逐渐递减。

（2）了解不同地域人们的消费习惯及需求特征。我国不同地区的饮食习惯就有很大的不同。例如，南方人以大米为主食，北方人以面粉为主食，江、浙人喜甜食，川、湘人喜辣味等。

（3）了解人口地理分布的动态变化趋势。在我国，人口的流动主要表现在农村人口向城市或工矿区流动，中西部地区人口向沿海经济发达地区流动。另外，经商、观光旅游、学习等使人口流动加速。

对于人口流入较多的地区而言，一方面，由于劳动力增多，就业问题突出，从而加剧行业竞争；另一方面，人口增多也使当地基本需求量增加，消费结构也会发生一定的变化，继而给当地企业带来较多的市场份额和营销机会。

案例1　单身经济促使"一人食"食品的兴起

近年来，中国单身社会的形态已初现端倪。人口调查机构公布的一组数据显示，中国单身人口已经超过 2.6 亿。数以亿计的单身人士背后是巨大的市场需求。正因如此，"单身经济"逐渐成为商业风口。无论是衣食住行，还是文体娱乐，大家都盯上了单身群体。

民以食为天，以"一人食"为概念的食品业成为单身经济里的佼佼者。如今，单身经济下"一人食"的需求逐渐凸显。一个人做饭最头疼的就是掌握不好分量，且以前一些包装好的一份食品能够好几个人吃，这对于单身生活的人们来说很不方便，还容易造成浪费。于是，如今"一人食"食品逐渐走进大家的生活，如"一人食"的自热小火锅、"一人食"的咖喱鸡套餐、"一人食"的自热煲仔饭……这些"一人食"食品不但能够帮助单身人士解决做饭的麻烦，又不会造成浪费的烦恼。所以，"一人食"食品一经上市就受到单身人士的喜爱和追捧。

（资料来源：盘古网络营销中心）

2.1.2　经济环境

经济环境是指企业市场营销活动所面临的外部社会条件，主要是消费者收入水平的变化、消费者支出模式和消费结构的变化、消费者储蓄和信贷情况的变化，以及社会经济水平的变化等，其运行状况及发展趋势会直接或间接地对企业市场营销活动产生影响。

1. 消费者收入水平的变化

消费者收入是指消费者个人从各种来源中所得的全部收入，包括消费者个人的工资、退休金、红利、租金、赠予等收入。消费者的购买力来自消费者收入，但消费者并不是把其全部收入都用来购买商品或劳务。因此，购买力只是消费者收入的一部分。在研究消费者收入时，要注意以下几点。

（1）人均国民收入：是国民收入总量除以总人口的比值。这个指标大体反映了一个国家人民生活水平的高低，也在一定程度上决定商品需求的构成。

（2）个人可支配收入：是在个人收入中扣除税款和非税性负担后所得的余额。它是个人收入中可以用于消费支出或储蓄的部分。它构成实际的购买力。

（3）个人可任意支配收入：是在个人可支配收入中减去用于维持个人与家庭生存不可缺少的费用（如房租、水电、食物、燃料、衣着等项开支）后剩余的部分。它是消费需求变化中最活跃的因素，也是企业开展营销活动时所要考虑的主要对象。它一般用于购买高档耐用消费品、旅游、储蓄等，是影响非生活必需品和劳务销售的主要因素。

2. 消费者支出模式和消费结构的变化

消费结构是指消费过程中人们所消耗的各种消费资料（包括劳务）的构成，即各种消费支出占总支出的比例关系。

西方一些经济学家常用恩格尔系数来反映消费结构的变化。恩格尔系数是指用食品支出额除以消费支出总额的百分比。

$$恩格尔系数（\%）=（食品支出额/消费支出总额）\times 100\%$$

恩格尔系数越大，生活水平越低；反之，恩格尔系数越小，生活水平越高。恩格尔系数是衡量一个国家、地区、城市、家庭贫富程度的重要指标。

小贴士

联合国粮食及农业组织提出了一个划分生活水平的标准，即恩格尔系数在59%以上者的生活水平为绝对贫困；恩格尔系数在50%~59%者的生活水平为勉强度日，恩格尔系数在40%~50%者的生活水平为小康；恩格尔系数在30%~40%者的生活水平为富裕；恩格尔系数在30%以下者的生活水平为最富裕。

3. 消费者储蓄和信贷情况的变化

消费者的购买力还要受储蓄和信贷的直接影响。消费者个人收入不可能全部花掉，总有一部分以各种形式储蓄起来，这是一种潜在的购买力。例如，1979年，日本电视厂商发现，尽管中国人可任意支配的收入不多，但中国人有储蓄的习惯，而且中国人口众多，市场潜在需求很大。于是，他们决定开发中国黑白电视机市场，不久便获得成功。当时，荷兰的飞利浦电视机厂商也来中国调查，却认为中国人均收入过低，市场潜力不大，结果贻误了时机。

消费者信贷对购买力的影响也很大。所谓消费者信贷，又称信用消费，就是消费者凭信用先取得商品使用权，然后按期归还贷款，完成商品购买的一种方式。这实际上就是消费者提前支取未来的收入，即提前消费，如银行按揭购房或银行按揭购车。

4. 社会经济水平的变化

企业市场营销活动会受到一个国家或地区的整个经济发展水平的制约。例如，以消费者市场来说，在经济发展水平比较高的地区，企业市场营销强调的是产品款式、性能及特色，即产品质量比产品价格重要；在经济发展水平较低的地区，企业市场营销则较侧重于产品的功能及实用性，即产品价格比产品质量更为重要。因此，对于不同经济发展水平的地区，企业应采取不同的市场营销策略。

2.1.3 政治与法律环境

1. 政治环境

政治环境是指企业市场营销活动的外部政治局势，以及国家方针政策的变化对企业市场营销活动带来的或可能带来的影响。

一个国家的政局稳定与否会给企业市场营销活动带来重大的影响。如果一个国家政局稳定、人民安居乐业，就会给企业创造良好的市场营销环境。相反，如果一个国家政局不稳、社会矛盾尖锐、秩序混乱，则不仅会影响这个国家经济发展和人民的购买力，还会影响企业的营销心理。因此，企业在对外市场营销活动中，一定要考虑东道国政局变动和社会稳定情况可能造成的影响。

案例2　百事可乐公司打入印度市场

20世纪80年代，由于印度国内反跨国软饮料公司议员们的极力反对，可口可乐公司被迫从印度市场撤离。与此同时，百事可乐公司就开始琢磨如何进入印度市场。百事可乐公司明白，要想占领印度市场，就必须消除当地政治力量的对抗情绪。百事可乐公司认为要解决这个问题就必须向印度政府提出一项该政府难以拒绝的援助。百事可乐公司表示要帮助印度出口一定数量的农产品以弥补印度进口浓缩软饮料的开销；百事可乐公司还提出要帮助印度发展农村经济而转让食品加工、包装和水处理技术，从而赢得了印度政府的支持，迅速占领了印度软饮料市场。

2. 法律环境

对企业来说，法律是评判企业市场营销活动的准则。企业只有依法进行各种市场营销活动，才能受到国家法律的有效保护。因此，企业开展市场营销活动，必须了解并遵守国家或政府颁布的有关经营、贸易、投资等方面的法律、法规。企业如果从事国际市场营销活动，就既要遵守本国的法律制度，还要了解和遵守东道国的法律制度，以及有关的国际法规、国际惯例和准则。

我国在发展社会主义市场经济的同时，也加强了市场法制方面的建设，陆续制定、颁布了一系列重要的法律法规，如《中华人民共和国公司法》《中华人民共和国广告法》《中华人民共和国商标法》《中华人民共和国经济合同法》《中华人民共和国反不正当竞争法》《中华人民共和国消费者权益保护法》《中华人民共和国产品质量法》等，这对规范企业市场营销活动起到了重要作用。

小贴士　　　　新《中华人民共和国广告法》正式实施

新修订的《中华人民共和国广告法》于2015年9月1日正式实施。今后，明星只要代言的是虚假广告，将负有连带责任，工商部门可依据新《中华人民共和国广告法》没收其违法所得，并处违法所得一倍以上、两倍以下的罚款。此次在《中华人民共和国广告法》修订当中，对明星代言新增加了法律责任规定。明星代言是要收费的，有的代言收费还很高，不能只收钱、只有利而不承担责任。国家工商总局（中华人民共和国国家工商行政管理总局的简称）广告司明确表示，名人、明星等在代言广告的时候一定要慎重。广告代言人不得为未使用的商品或未接受过的服务做代言。广告代言人如果代言虚假广告，将受到行政处罚，三年内不能再代言广告。按照新《中华人民共和国广告法》，明星代言虚假广告不仅会被工商部门查处，如果附带民事责任，还要进行民事赔偿。

（资料来源：蔺丽爽. 北京青年报. 2015-9-1）

2.1.4 社会文化环境

社会文化环境是指一个国家或地区长期形成的民族特征、价值观念、宗教信仰、生活方式、风俗习惯、伦理道德、语言文字等的总和。企业总是处于一定的社会文化环境中，企业营销活动必然受到所在社会文化环境的影响和制约。社会文化主要由两部分组成：一是全体社会成员所共有的基本核心文化；二是随时间变化和外界因素影响而容易改变的社会亚文化。

不同国家、不同地区的人民具有不同的社会文化。不同的社会文化环境代表着不同的生活模式，对同一产品可能产生不同的影响。社会文化环境直接或间接地影响产品的设计、包装、信息的传递方法、产品被接受的程度、分销和推广措施等。例如，中东地区严禁使用带六角形的包装；英国忌用大象、山羊做商品装饰图案；中国人以红色表示喜庆，白色表示丧事，而西方人的结婚礼服则为白色，以表示爱情的纯洁；日本人忌讳"4"，美国人忌讳"13"。企业营销者应了解和注意不同国家、民族的社会文化环境，做到"入乡随俗"。

案例3　龙形图案有学问

龙形图案由于显示了中国民族特点，并具有东方特色，因此很受外商的喜爱。龙形图案地毯一直是我国出口的热门货，但有一部分龙形图案地毯却卖不出去。这其中的原因是什么呢？外商说："在国外，尤其在华侨中，流行着一种说法，龙分吉祥龙和凶龙，其区别在于龙爪不同。吉龙生五爪，而生三爪、四爪的是凶龙。凶龙入宅，合家不安。谁会花钱买个凶龙回家呢？"经查看，果然未卖出的绝大部分地毯都有三爪、四爪的龙形图案。

2.1.5 自然环境

自然环境是指自然界提供给人类各种形式的物质财富，即自然资源，如矿产资源、森林资源、土地资源、水力资源等。自然资源是进行商品生产和实现经济繁荣的基础，与人类社会的经济活动息息相关。由于自然资源的分布具有地理的偶然性，很不均衡，因此企业到某地投资或从事市场营销必须了解该地的自然资源情况。

案例4　雾霾、新能源汽车与市场营销机遇

2016年的冬天，严重的雾霾笼罩着中国北方的许多城市，高速公路封闭、飞机延误的情况不时发生，而且雾霾严重危害居民的身体健康。造成雾霾的原因很多，而传统汽车产生的尾气是造成雾霾的原因之一。随着人们收入的增加，汽车的保有量快速增长。而新能源汽车由于其低排放、少污染的特点，越来越受到国家和社会大众的关注。

在新能源汽车中，特斯拉公司生产的纯电动汽车具有代表性。该公司生产的 Tesla Model、STesla Model x 等车型具有性能优越、单次充电行驶里程长等特点，受到中国消费者的欢迎。纯电动汽车的推广使用有利于提高空气质量。在环保问题越来越受到人们关注的今天，特斯拉公司赶上了良好的发展机遇。当然对于企业来说，机遇并不等于成功，转化的关键在于能否为消费者提供优质的产品与服务。特斯拉公司的产品外观时尚、科技感强，很好地满足了消费者对新型汽车的需求。特斯拉公司的产品无论从环保的角度来看，还是从性能、外观等传统角度来看，都能较好地吸引消费者购买。

（资料来源：孟韬．市场营销——互联网时代的营销创新．中国人民大学出版社）

2.1.6 科学技术环境

科学技术环境是指企业在产品的设计、开发、制造和营销过程中所受到的科技发展的影响。科学技术进步对企业市场营销活动的影响主要表现在以下几个方面。

1. 科学技术的发展直接影响企业的经济活动

科学技术的发展，使得每天都有新品种、新款式、新功能、新材料的商品在市场上推出。这种情况就要求企业要不断进行技术革新，赶上技术进步的浪潮，否则就会被市场无情地淘汰。

2. 科学技术的发展为市场营销活动提供了更新、更好的物质条件

首先，科学技术的发展为企业提高市场营销效率提供了物质条件。例如，京东公司的无人配送车和无人机配送服务，使物流运输的效率大大提高。

其次，科学技术的发展可使促销措施更有效。例如，VR/AR技术的运用，可以使网上购物的用户在家就能看到衣服穿在自己身上的样子、家具摆放在真实家庭中的效果。

3. 科学技术的发展使得人们的工作方式、消费模式和消费需求结构发生深刻的变化

例如，由于汽车工业的迅速发展，使美国成了一个"装在车轮上的国家"。美国人在现代生活中无时无刻不依赖汽车。又如，互联网技术的迅速发展，使网络购物逐步流行，微信、抖音等新媒体不断涌现，并不断改变人们的工作和生活方式。越来越多的消费者通过轻点鼠标或轻触手机屏幕，即可简单、迅捷地完成购物及支付过程，然后自在地"宅"在家中，静候快递员将所购物品送到家中。因此，企业在组织市场营销时，必须深刻认识和把握由科学技术发展而引起的社会生活和消费方式的变化，看准营销机会，积极采取行动，并且要尽量避免科技发展给企业造成的威胁。

案例5　无人超市受到郑州居民欢迎

河南郑州有一家24小时营业的无人超市。该超市面积约100多平方米，经营有食品、烟酒、饮料、日化用品等500多种日用品。顾客在第一次进入超市时需要扫码、拍下自己的正面照进行注册，以后再进入超市时通过人脸识别即可进入。顾客在选好商品后，只要把商品放入结算槽，屏幕上就会显示所购商品的明细及价格，然后可通过微信或支付宝进行扫码支付。据了解，无人超市运用了智能门禁、智能感应识别、物联网、大数据等高科技，完全取代了传统超市的售货员、收银员，节省了经营成本。同时，顾客在购物中也能享受到便捷的购物体验。

？ 想一想：有哪些新技术、新发明正影响和改变着我们的生活？

任务二　认知市场营销微观环境

市场营销微观环境主要是指与企业具体业务密切相关，对企业营销活动发生直接影响的组织或力量。构成市场营销微观环境的主要因素有企业的供应商、营销中介、消费者、竞争者、社会公众及企业内部（参与营销决策的各部门）。市场营销微观环境的主要因素如图2-1所示。

图2-1　市场营销微观环境的主要因素

➤ 2.2.1　企业内部

企业内部包括市场营销部门和其他职能部门，如生产部门、采购部门、研发部门及财务部门和最高管理层等。企业内部的构成如图2-2所示。市场营销部门在决策时必须考虑企业相关业务部门的情况，并与之密切合作，共同研究制订年度和长期计划，还要考虑最高管理层的意图，以最高管理层确定的企业任务、目标战略和政策等为依据制订市场营销计划。

企业内部各部门由于所肩负职能各不相同，也要协调一致，服务于营销目标。现代企业管理没有协调就难以避免内部摩擦与消耗，因此如何通过企业内部有效沟通，协调好企业各职能部门和市场营销部门的关系，就成为营造良好市场营销微观环境、更好实现营销计划的关键。

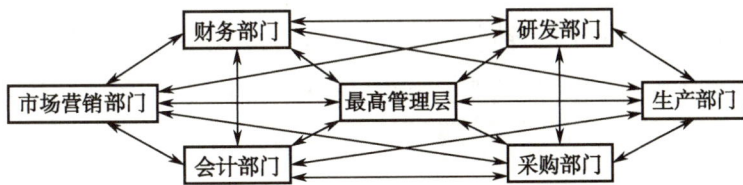

图2-2　企业内部的构成

➤ 2.2.2　供应商

供应商是指向企业及其竞争者提供生产产品和服务所需资源的企业或个人。如果没有供应商提供的资源作为保障，企业就无法正常运转，也就无所谓提供给市场所需要的商品。供应商对企业市场营销活动的影响主要表现为三方面：一是供货的稳定性与及时性；二是供货的价格变动；三是供货的质量水平。

针对上述影响，企业在寻找和选择供应商时，应特别注意以下两点。

第一，企业必须使自己的供应商多样化。若企业过分依赖一家或少数几家供应商，那么企业受到供应情况变化的影响和打击的可能性就大。为了减少供应商对企业的影响和制约，企业就要尽可能多地联系供应商，向多个供应商采购，尽量注意避免过于依靠单一的供应商，以免当与供应商的关系发生变化时，使企业陷入困境。

第二，企业必须充分考虑供应商的资信状况。要选择那些能够提供品质优良、价格合理的资源，交货及时，有良好信用，在质量和效率方面都信得过的供应商，并且要与主要供应商建立长期稳定的合作关系，保证企业生产资源供应的稳定性。例如，日本的7-11便利连锁店与供应商之间就建立了一种长期相互信赖的合作关系。

案例6　7-11 的经营之道

7-11（Seven-Eleven）公司在 200 多个国家开设有 17 000 多个便利店，是世界上最大的便利连锁店。1974 年，第一家 7-11 便利店在日本开张，且在日本的发展非常出色。目前，7-11 公司在全日本已有 7 000 多家便利店。7-11 公司的成功，主要归功于其供应链的设计与管理。

在日本，新鲜食品在 7-11 公司商品中占很大比例。绝大多数新鲜食品是在其他地点由供应商加工后再运到 7-11 便利店的。如果食品需要在晚饭时送达顾客，7-11 便利店就要在同一天上午的 10 点发出订单。7-11 公司所有分店都通过电子信息与总店、配送中心和供应商保持联系。7-11 公司所有分店的订单都传给供应商，并由他们包装印有储存条件说明的批量产品并运到配送中心。在配送中心，将所有来自不同供应商的产品进行重组并运到各 7-11 便利店。每一辆送货卡车都为一家以上的 7-11 便利店送货，并尽可能在非高峰时间抵达，从而确保消费者每天都能购买到最新鲜的食品。

（资料来源：原创力文档）.

➥ 2.2.3　营销中介

营销中介是指协助企业推广、销售和分配产品给最终买主的那些企业或个人。营销中介包括中间商、实体分配公司、营销服务机构及金融机构等，这些都是市场营销不可缺少的环节。例如，生产集中与消费分散的矛盾，就必须通过中间商的分销来解决；资金周转不灵，则要求助于银行或信托机构等。正因为有了营销中介所提供的服务，才使得企业的产品能够顺利地到达目标消费者手中。因此，企业在市场营销过程中，必须重视营销中介对企业市场营销活动的影响，并要处理好同它们的合作关系。

小贴士

中间商包括批发商和零售商。中间商帮助企业寻找目标客户，为产品打开销路，同时为消费者提供了便利。营销服务机构主要有营销调研公司、广告公司、传播媒介公司和营销咨询公司等。营销服务机构帮助生产企业推出和促销其产品到恰当的市场。

2.2.4　消费者

消费者是企业服务的对象。企业的一切市场营销活动都是以满足消费者的需求为中心的。因此，消费者是企业最重要的环境因素。消费者可以是为了消费而购买商品的个人和家庭，也可以是为了生产其他产品或提供劳务以赚取利润而购买产品与服务的企业，还可以是通过转卖以获得利润的中间商，或者是为购买产品及服务而提供公共服务的政府机构、社会团体或其他非营利性组织。

消费者的需求是企业市场营销活动的起点，也是对象和终点。因此，企业要认真研究为之服务的不同消费者群，研究其类别、需求特点、购买动机等，使企业市场营销活动能针对消费者需要，符合消费者的愿望。例如，海尔公司为满足消费者需求，曾推出过洗地瓜机、打酥油机、洗龙虾机等个性化产品，堪称是能生产"无所不洗"的洗衣机的公司。

2.2.5　竞争者

与企业争夺同一目标消费者的力量就是企业的竞争者。企业的竞争者不仅来自同行业竞争者，还包括非同行业的竞争者。从消费需求的角度划分，可把竞争者分为以下四类。

1. 愿望竞争者

愿望竞争者是指提供不同产品、满足不同需求的竞争者。例如，消费者既想买电视机，又想买一台计算机或电动车，那么提供电视机、计算机、电动车的各个企业之间就存在着竞争关系，成为愿望竞争者。在购买力有限的情况下，消费者不可能同时购买这三种产品，所以愿望竞争的关键在于采取积极有效的促销手段，以吸引消费者。

2. 平行竞争者

平行竞争者是指提供不同的产品以满足相同需求的竞争者。例如，为满足消费者对交通工具的需求，家用轿车、摩托车、电动车、自行车的生产厂家之间就形成了平行竞争的关系。

3. 产品形式竞争者

产品形式竞争者是指生产同类但规格、型号、款式不同的产品的竞争者。例如，消费者想买电动车，他会考虑买哪种外形的电动车，是电动自行车、电动摩托车还是电动汽车，这就是产品形式的竞争。

4. 品牌竞争者

品牌竞争者是指生产相同规格、型号、款式的产品，但品牌不同的竞争者。例如，电动车的各种品牌制造商（如雅迪、爱玛、阿米尼、新日、捷安特等）就构成了品牌竞争者。

上述四类不同的竞争者与企业构成了不同的竞争关系。企业在确定市场营销策略前必须先了解清楚竞争者，特别是品牌竞争者的生产经营状况，做到知己知彼，从而有效地开展市场营销活动。

↘ 2.2.6 公众

公众是指对企业实现市场营销目标的能力有着实际或潜在利益关系和影响力的群体或个人。一个企业的公众主要有以下几种。

1. 金融公众

金融公众是指那些关心和影响企业取得资金能力的集团，如银行、投资公司、证券经纪公司、保险公司等。

2. 媒体公众

媒体公众是指报纸、杂志、广播电台、电视台等大众传播媒体。媒体公众对企业的形象及声誉的建立能起到举足轻重的作用。

3. 政府公众

政府公众是指负责管理企业市场营销活动的有关政府机构。企业在制订营销计划时，应充分考虑政府的相关政策，研究政府颁布的有关法规和条例。

4. 社团公众

社团公众是指保护消费者权益的组织、环保组织及其他群众团体等。企业市场营销活动关系到社会各方面的切身利益，必须密切注意并及时处理来自社团公众的批评和意见。

5. 地方公众

地方公众是指企业所在地附近的居民和社区组织。地方公众对企业的态度也会影响企业市场营销活动。

6. 一般公众

一般公众是指上述各种公众之外的社会公众。一般公众虽然不会有组织地对企业采取行动，但企业形象会影响他们惠顾的积极性。

7. 内部公众

内部公众是指企业内部的公众，包括董事会、经理、企业职工。

公众对企业的态度会对企业市场营销活动产生巨大的影响，既可能有助于增强一个企业实现目标的能力，也有可能会妨碍这种能力。因此，成功地处理好与公众的关系，争取公众的支持和偏爱，为企业营造一个和谐宽松的市场营销环境非常重要。

练习与实训二

一、判断题（正确的打"√"，错误的打"×"）

1. 微观环境与宏观环境之间是一种并列关系，微观环境并不受制于宏观环境，各自独立地影响企业的市场营销活动。   （ ）

2. 营销活动只能被动地受制于环境的影响，因而营销管理者在不利的营销环境面前可以说无能为力。   （ ）

3. 在收入水平一定的条件下，一个国家总人口数量的多少，决定了市场容量的大小。

                 （ ）

4. 消费者是营销环境中最重要的因素。   （ ）

5. 营销环境是客观存在的，是可以通过企业的努力去了解和认识的。（ ）

二、选择题

1. 企业不能脱离周围环境而孤立进行市场营销活动，要主动去（ ）。

A. 适应环境   B. 征服环境   C. 改造环境   D. 控制环境

2. "网络购物"进入千家万户，主要得益于（ ）。

A. 经济发展水平的提高   B. 科学技术的发展

C. 人口环境的变化   D. 政治和法律环境的改善

3. 某位消费者在选购 40 英寸①网络电视机时，在长虹、康佳、创维、TCL、海尔电视机之间进行选择，最终选择海尔电视机，则这些公司之间是（ ）。

A. 愿望竞争者   B. 平行竞争者

C. 产品形式竞争者   D. 品牌竞争者

4. 影响汽车、住房及奢侈品等商品销售的主要因素是（ ）。

A. 个人可支配收入   B. 可任意支配收入

C. 个人全部收入   D. 恩格尔系数

5. 企业市场营销活动的最终归宿是（ ）。

A. 消费者   B. 生产者   C. 市场   D. 人

三、简答题

1. 分析营销环境对企业市场营销活动有何意义？

2. 简述市场营销环境的构成。

3. 简述竞争者的主要类型。

4. 举例说明科学技术的发展对企业的影响。

四、案例分析题

"入乡随俗"的重要性

  1973 年 9 月，香港肯德基公司突然宣布多家肯德基家乡鸡快餐店停业。此外，只剩下四家肯德基家乡鸡快餐店还在勉强支撑。到 1975 年 2 月，首批进入中国香港的肯德基家乡鸡快餐店全军覆没。

  肯德基家乡鸡快餐店首次在中国香港的成功推出，主要归功于一开始便展开了声势浩大的宣传，并采用该公司的世界性宣传口号"好味道舔手指"，吸引了众多中国香港市民。可惜好景不长，3 个月后，肯德基家乡鸡快餐店就"门前冷落车马稀"了。

  通过认真总结的经验教训发现，肯德基家乡鸡快餐店的惨败是中国人固有的文化观念

---

① 1 英寸≈0.025 4 米。

决定的。

首先，"好味道舔手指"这句闻名世界的广告词，很难被注重风雅的中国香港居民所接受。其次，肯德基家乡鸡的食材采用中国香港土鸡品种。但该土鸡采用美国式的喂养方式（用鱼肉喂养），而这样喂养出来的鸡破坏了原来中国香港土鸡特有的口味。另外，肯德基家乡鸡的价格对于一般中国香港市民来说有点承受不了。最后，在服务方式上，肯德基家乡鸡采用典型的美式服务。在美国，顾客一般是驾车到肯德基家乡鸡快餐店，买了食物回家吃，因此肯德基家乡鸡快餐店内通常不设座位。在中国香港则不同，顾客喜欢三五成群地在肯德基家乡鸡快餐店内边吃边聊，而不设座位的服务方式使肯德基家乡鸡快餐店难寻回头客。

10年后，肯德基公司带着对中国文化的一定了解卷土重来，并大幅调整了营销策略。广告宣传方面低调，市场定价符合当地市民消费水平，市场定位于16~39岁之间的人。1986年，肯德基家乡鸡快餐店的总数在中国香港为716家，占世界各地肯德基家乡鸡快餐店总数的1/10。在中国香港快餐业中，肯德基家乡鸡快餐店与麦当劳快餐店、汉堡王快餐店、必胜客快餐店并称四大快餐连锁店。

思考题：

（1）20世纪70年代，肯德基家乡鸡快餐店为什么会在中国香港全军覆没？

（2）20世纪80年代，肯德基公司为什么又能取得辉煌的成绩？

五、课外实训

某人想在学校附近开设一家小吃店。请同学们以学习小组为单位，讨论分析该小吃店所面临的四种类型的竞争者，并以思维导图的方式绘制出来。

项目三　消费品市场分析

知识要点

◎ 了解消费品市场及其类型

◎ 理解并掌握消费品市场的特点

◎ 掌握消费者购买行为的类型和购买决策过程

◎ 了解消费者购买行为的影响因素

◎ 掌握消费者购买行为的"7O"分析法

能力要点

◎ 能够运用消费者购买行为的"7O"分析法，全面观察和
认识特定消费者的行为特点

◎ 能够根据消费者购买决策过程五个阶段的行为特点和要
求，形成企业相应营销策略的基本思路

◎ 能够基本准确地判断特定消费者的购买类型，并提出有针
对性的营销策略

引例3——"90后"与消费升级

"90后"是消费增长和消费升级的生力军，是目前最具消费潜力的一代人，正成为体验新消费业态的主力人群。一方面，"90后"步入社会时间不长，自身财富累积还不多，消费能力决定了其消费总额有限，还不足以成为消费主力军。比如，阿里巴巴公司大数据平台调查显示，在上海的高消费群体中，"90后"的数量仍低于"80后"的数量；另一方面，"90后"消费者的消费潜力巨大，在网络消费、高科技消费中占据了重要位置，成为新消费业态发展中"最先吃螃蟹"的群体。

作为互联网原住民，"90后"应该说是拿着iPad出生的，且其消费习惯与互联网早已深度融合。概括而言，"90后"的消费习惯主要有四大特征，即消费自主化、消费个性化、消费移动化、消费分享化。在（移动）互联网时代，"90后"几乎时时刻刻都在消费，能够把消费融入日常生活的各个环节，将消费新体验实时分享至朋友圈，并愿意为自己心仪的消费产品及服务"打call"，毫不吝啬地为"idol品牌"代言。

未来，随着5G技术的应用、物联网时代的加速到来、消费业态和模式的更新迭代，"90后"的消费潜能将继续被激发。与此同时，伴随工龄增长，"90后"的财富积累将迈上新台阶，"90后"的消费潜能有望进一步迸发。

（资料来源：何飞．消费升级能否持续[J]．商业观察．2018［9］）

每个消费者都是一个独特的个体。许多不同的因素都影响着消费者的购买行为。企业只有了解消费者的购买动机，探索消费者的购买规律，才能预测消费者的购买行为，发现市场机会，把潜在需求转化为现实需求，以扩大销量和利润。

任务一　认知消费品市场

3.1.1　消费品市场的概念

消费品市场又称消费者市场或生活资料市场，是指由个人或家庭为满足生活需求所购买的商品和服务形成的市场。例如，女生经常买的零食、衣服和其他生活用品所形成的市场就是一种消费品市场。消费品市场是市场体系的基础。消费品市场是现代市场营销理论研究的主要对象。

3.1.2　消费品的分类

1. 按消费品的消耗特点和产品形态分类

按消费品的消耗特点和产品形态，可以把消费品划分为易耗消费品、耐用消费品和服务三种类型。

（1）易耗消费品。易耗消费品又称非耐用消费品，是指只能使用一次或几次的容易消耗的有形物品，如食物、水果、洗涤用品等。

（2）耐用消费品。耐用消费品是指可以多次使用、单价较高的有形物品，如服装、家用电器等。

（3）服务。服务是用于出售或连同产品一起进行出售的活动、利益或满足感。服务是一种无形产品，如理发、美容、技术咨询、家政服务等。

2. 按消费者的购买习惯分类

按消费者的购买习惯，可以把消费品分为便利品、选购品、特殊品和非渴求品四种类型。

（1）便利品。便利品是指消费者购买频繁，不愿花时间和精力去比较品牌、价格，想随时随地购买到的产品或服务，如饮料、方便面、洗涤用品等。

（2）选购品。选购品是指消费者对产品或服务的价格、质量、款式、耐用性等进行比较之后才购买的产品或服务，即在认真挑选之后才购买的产品或服务，如家用电器、服装、家具等。

（3）特殊品。特殊品是指那些具有独特的品质特色或拥有著名品牌的产品。这类产品一般价格高、档次高、使用寿命长，如小轿车、住宅、名牌钢琴等。

（4）非渴求品。非渴求品是指消费者目前尚不了解，或者即使了解也不打算购买的产品，如刚上市的新产品、人寿保险、墓地、墓碑、百科全书等。非渴求品的特性决定了要对它做诸如广告和人员推销等大量的营销努力。一些最复杂的推销技巧，就是在推销非渴求品的过程中发展起来的。

3.1.3 消费品市场的特点

消费品的需求由于受经济、社会、心理等各种因素的影响，呈现出千差万别、纷繁复杂的形态。但从总体上看，各种消费品的需求之间存在着共性。具体来说，消费品的需求具有以下特征。

1. 差异性和层次性

从交易的消费品来看，消费需求的多样性，以及消费品的花色多样、品种复杂，导致消费品的需求呈现差异性。同时，消费品的专业技术性不强，其替代品较多，因而消费品的价格弹性较大，即价格变动对消费品需求量的影响较大，从而使消费品的需求呈现层次性。

2. 分散性和小型性

从交易的规模和方式来看，消费品市场购买者众多，成交频繁，但交易品种很分散，单品种交易数量不多，使消费品的需求呈现分散性和小型性。因此，绝大部分消费品都是通过中间商销售的，以方便消费者购买。

3. 可诱导性和从众性

从消费者的购买行为来看，消费品的需求具有很大的可诱导性和从众性。消费品的需求具有可诱导性和从众性的原因：一是消费品品种繁多、花色各异，消费者缺乏专业的购买知识，属于非专家购买。消费者在购买消费品时，需要卖方的宣传、介绍；二是很多消费品替代性强，需求弹性大，消费者对消费品规格、质量的要求不严格；三是在通常情况下，消费者是自发、分散地做出购买决策的，不像产业市场的购买者会理性购买。

4. 发展性

从市场动态来看，消费品的需求具有发展性。人们对消费品的需求无论是从数量上还是从质量上、品种上或审美情趣等方面都在不断发展，总的趋势是由低级向高级方向发展，由简单向复杂方向发展，由单纯追求数量向追求质量和数量的完美结合方向发展。

案例 1　海尔公司的新型洗衣机

众所周知，海尔洗衣机的质量是非常好的，也很少出故障，但是在四川的海尔售后服务部却总会接到洗衣机出故障的报修电话。这是为什么呢？原来四川的农民喜欢用洗衣机洗土豆、地瓜、甘薯等物品，导致他们的洗衣机总出故障。当海尔公司得知这一消息后，马上组织人员进行技术攻关，解决洗衣机不能洗土豆、地瓜等物品的缺陷。不久后，四川各地出售的海尔洗衣机上都贴有"主要供洗衣服、土豆、地瓜、甘薯等物品"的标签。洗衣机问世以来，其功能一直被定位在洗衣服上，从没人想到将其功能延伸到洗土豆、地瓜、甘薯等物品。其实，洗衣机洗土豆、地瓜并不是不可攻克的科技难题。据报道，海尔公司攻克这道难题只用了几个月的时间，投入也不是很多。

（资料来源：段淑梅，万平．市场营销学．机械工业出版社）

任务二　消费者购买行为分析

➡ 3.2.1　消费者购买行为的"7O"分析法

消费者的购买行为复杂多样，涉及的内容千头万绪，从哪里入手进行分析呢？市场营销学家归纳出了消费者购买消费品涉及的 7 个主要问题。由于这 7 个主要问题的要点关键词英文字母的开头都是 O，所以称为"7O"分析法。消费者购买行为的"7O"分析法如表 3-1 所示。

表 3-1　消费者购买行为的"7O"分析法

消费者购买行为涉及的主要问题	问题要点关键词
1. 哪些人购买产品？（Who）	购买者（Occupants）
2. 他们购买什么产品？（What）	购买对象（Objects）
3. 他们为什么购买这些产品？（Why）	购买目的（Objectives）
4. 谁参与了购买过程？（Who）	购买组织（Organizations）
5. 他们以什么方式购买产品？（How）	购买方式（Operations）
6. 他们什么时候购买产品？（When）	购买时间（Occasions）
7. 他们在哪里购买产品？（Where）	购买地点（Outlets）

按照消费者购买行为的"7O"分析法，分析消费者购买皮鞋的购买行为，如表3-2所示。

表3-2 分析消费者购买皮鞋的购买行为

购买者	购买对象	购买目的	购买组织	购买方式	购买时间	购买地点
谁来购买皮鞋	品牌、档次、质地（猪皮、牛皮……）、类型（正装鞋、便鞋、休闲鞋、运动鞋……）、款式、颜色	冬天保暖、春秋便鞋、与西服配套、防雨水、休闲、体育锻炼	谁首先提议去购买的、谁参与了整个购买过程、谁是皮鞋的真正使用者	亲自购买、托人购买、专门购买	周末、节假日、夜晚、白天	专业鞋店、百货公司、个体鞋摊

? 饮食店的产品要卖给谁？产品的购买者是谁？

3.2.2 消费者购买行为的类型

消费者购买行为可以分为以下几种类型。

1. 习惯型

习惯型购买是一种简单的购买行为。对于价格较低、经常购买、品牌差异小的产品，消费者不用花时间进行选择，只要按照自己的消费习惯购买即可。

案例2　清洁剂的购买

在一项研究中，一名研究者对在三个连锁店中3 120名消费者购买衬衣清洁剂的行为进行了观察。这名研究者站在清洁剂货区，并记录着走进这个货区且挑选出清洁剂的消费者的行为。观察结果显示，对于大多数消费者，衬衣清洁剂的选择行为是十分例行化的。通过观察发现，大约有72%的消费者只看一种包装，而且绝大多数消费者不会咨询店内的售货员。这些消费者对品牌和品牌之间的比较特别少，而且绝大多数消费者根本就没有做出任何比较。最后，消费者从进入这个货区到选择出所要的清洁剂平均只花了13s的时间。

（资料来源：段淑梅，万平. 市场营销学. 机械工业出版社）

2. 理智型

理智型购买是指无论买什么产品都以理智为主，感情色彩较少，即消费者在采取购买行动前，注意收集产品信息、了解市场行情，对产品认真挑选、比较、评价、权衡利弊之后才购买。

3. 感情型

感情型购买是指消费者购买时情感体验深刻，想象力与联想力丰富，有较强的审美感，往往以产品的品质、名称、外形是否符合其情感的需要来决定是否购买。

4. 冲动型

冲动型购买是指事先没有计划，在现场临时决定的购买。由于受到产品包装或广告宣传的吸引，消费者往往会在销售现场立即做出购买决策。

5. 经济型

经济型购买是指消费者选购产品时多从经济角度考虑，对产品价格非常敏感。这类消费者在选购时会因价格的高低表现出两种不同的购买行为：一种是喜欢选购价格低的产品，认为价格便宜、经济实惠，常到地摊或小商店购买；另一种则喜欢选购价格高的产品，认为价高质好、经久耐用，常到专卖店或商场购买。

6. 疑虑型

疑虑型购买是指在选购产品时消费者表现出缺乏主见、犹豫不决的购买行为。这类消费者在听取产品介绍和检查商品时，往往小心谨慎、顾虑重重；挑选产品动作缓慢费事，还可能因犹豫不决而中断；购买时常常"三思而后行"，购买后还会疑心是否上当受骗。

7. 随意型

随意型购买是指消费者对自己购买的产品没有固定的偏爱心理，往往是随意购买或奉命购买。对于此类消费者，只要营销人员能够做到热情周到、服务良好、善于介绍，便可促成其购买。

案例3 **"新式衬衫，每人限购一件"**

一家商店购进了一批款式新、质地好的衬衫。为了使消费者了解这批价廉物美的商品并及早将其推销出去，店主大做广告，以为通过此举即可占领衬衫市场。可事与愿违，欲购者寥寥无几。许多顾客都愿意到另一家商店买穿惯了的老式衬衫。在老板束手无策之际，有人给他出了一个简单的主意，即在店门口挂一招牌，写上"新式衬衫，每人限购一件"。不久，前来的购买者络绎不绝，甚至排起了长队。

（资料来源：杜明汉，孙金霞．市场营销知识．中国财经出版传媒集团）

3.2.3 消费者的购买角色及决策过程

1. 消费者的购买角色

消费者在购买活动中可能扮演下列五种角色中的一种或几种。

（1）发起者：第一个提议或想到去购买某种产品的人。

（2）影响者：有形或无形地影响最后购买决策的人。

（3）决定者：最后决定整个购买意向的人。购买意向可以是买不买、买什么、买多少、怎么买、何时与何地买等。

（4）购买者：实际执行购买决策的人。

（5）使用者：实际使用或消费商品的人。

案例 4　　儿童飞镖玩具的销售

某儿童玩具厂家为在暑期促进一种智力玩具的销售，煞费苦心地在这种玩具上捆绑了一种时下在小学生中非常流行的飞镖，以期博得孩子们的青睐。但令该厂家失望的是，捆绑了飞镖的这种玩具在本月销售情况还不如上一个月没有捆绑飞镖时该种玩具销售情况好。后来该厂家通过调查发现，有许多家长认为这种飞镖的安全性有问题。

该厂家促销失败的原因是忽略了消费决定者的作用。虽然玩具是针对儿童的，但掏钱购买玩具的是家长。这件玩具安全性有问题，家长自然不会愿意给孩子购买。

（资料来源：段淑梅，万平．市场营销学．机械工业出版社）

当消费者以个人为单位购买时，上述五种角色可能同时由一人担任；当消费者以家庭为单位购买时，五种角色往往由家庭不同成员分别担任。例如，当一个家庭要购买一台计算机时，发起者可能是孩子，他认为有助于自己的学习；影响者可能是爷爷，他表示赞成；决定者可能是母亲，她认为孩子确实需要，根据家庭目前经济状况也有能力购买；购买者可能是父亲，他有些计算机知识，可以亲自带上孩子去商店选购；使用者是孩子。

? 　肯德基快餐店里为什么要设免费的儿童游乐场？分析一个家庭在肯德基快餐店的消费行为中，哪个成员对消费决策影响最大？

2. 消费者的购买决策过程

消费者的购买决策过程有时比较简单，有时又较为复杂。请看下面案例中人物的购买决策过程。

一个完整的消费者购买决策过程一般包括 5 个阶段：确认需求、收集信息、判断选择、购买决策和购后行为，如图 3-1 所示。

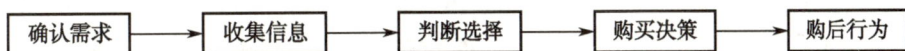

确认需求 → 收集信息 → 判断选择 → 购买决策 → 购后行为

图 3-1　消费者购买决策过程

（1）确认需求。

需求是购买行为的起点。当消费者感到有一种需求必须要得到满足时，购买过程就开始了。购买需求往往由两种刺激引起：一种是内部刺激，如饥饿、口渴使人们产生对食物和饮料的需求；另一种是外部刺激，如在电视上、网络上看到某种产品的广告而对该产品产生购买欲望。购买需求也有可能是内、外两方面共同作用的结果。所以，企业应采取适当措施，促使消费者对产品产生强烈需求，诱发其产生购买动机。

（2）收集信息。

当消费者对某种产品的需求趋于强烈时，就会去收集与产品有关的各种信息。消费者的信息来源主要有别人（家庭、朋友、邻居、熟人）、商业机构（广告、推销员、经销商、展览展销会）、公共来源（大众传播媒体、消费者评审组织）、个人经验（处理、检查和使用产品的体会）四种。市场营销人员应对消费者使用的信息来源认真加以分析，了解不同信息来源对消费者购买行为的影响程度，有针对性地设计恰当的信息传播策略。

（3）判断选择。

判断选择就是消费者根据所掌握的信息，进行分析、对比和选择，这是决策过程中决定性的环节。一般认为，消费者对产品的判断大都建立在自觉和理性基础之上。消费者为了满足自身需求，必须从某种产品中寻求某种利益。例如，当消费者要购买一部手机时，关于这部手机的价格昂贵还是便宜、款式时尚还是普通、功能齐全还是单一，消费者都会用自己的标准对产品进行评判。

（4）购买决策。

经过评价和比较，消费者对某种品牌的偏好和购买意向大致形成，但并非所有有需求的人都会进行购买。在购买意向和决定购买之间，别人的态度、意外情况、可察觉风险的大小都会对购买决策产生不同程度的影响。例如，消费者的妻子觉得应该买价钱便宜的手机，那么买昂贵手机的可能性就减小了。因此，企业的营销人员应设法尽量减少意外的发生，说服消费者采取购买行动。

（5）购后行为。

购后行为是指消费者在购买产品以后产生的某种程度的满意或不满意所带来的一系列行为表现。消费者如果对产品满意，则在下一次购买中可能继续购买该产品，并向亲朋好友、邻里同事宣传该产品；消费者如果对产品不满意，则不但不会再次购买该产品，而且会到处做负面宣传，使原本准备购买的人也改变购买意图。因此，企业营销人员应强化售后服务工作，尽早采取必要措施来消除或减轻消费者可能产生的不满意度，同时根据消费者的反馈意见，及时改进产品和改善服务。

案例5　小明买电脑

小明某天看到了一则有关电脑新产品面市的广告，想起他的电脑有些旧了，于是就打算买台新的电脑。之后就着手在网上、杂志、报纸等地方查找有关电脑的质量、价格、外观、维修服务等信息，又问了问对这方面比较了解的或刚买了电脑的熟人，最后到实体店去看了看。在综合现有信息的基础上，小明根据电脑的用途及预期消费额选出相对较满意的购买方案。做出方案选择后，小明就去了家资信较好的店里购买了电脑并问清楚了有关产品服务与售后服务的问题。小明在使用这台电脑一段时间后，对这台电脑很满意，并将其介绍给了想要买电脑的朋友。

任务三　消费者购买行为的影响因素

消费者生活在纷繁复杂的社会之中，所以其购买行为受到诸多因素的影响。要透彻地把握消费者购买行为，有效地开展市场营销活动，必须分析影响消费者购买行为的有关因素。一般来说，消费者的购买行为深受文化因素、社会因素、个人因素和心理因素的影响。影响消费者购买行为的因素如图3-2所示。

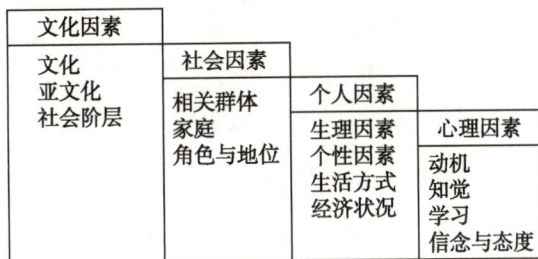

图3-2　影响消费者购买行为的因素

3.3.1　文化因素

1. 文化

文化是指人类在社会历史发展过程中所创造的物质财富和精神财富的总和。市场营销中所说的文化主要是指价值观念、伦理道德、风俗习惯、行为规范、宗教信仰等意识范畴。每个人都是在一定的社会文化环境中成长的。例如，中国现在以每天新增4个团购网站的速度开展着"百团大战"，拉手网、百度糯米团、美团网、拼多多等团购网站和App每天都在火热开团。团购在中国如此受欢迎，这与中国人爱凑热闹、追求较高性价比的文化习惯密不可分。

2. 亚文化

每种文化都包含着一些较小的群体称为亚文化群，它们以特定的认同感和影响力将各成员联系在一起，使之有特定的价值观和行为方式。以青少年亚文化群体为例，这类群体成员反叛意识较强，排斥"成人文化"或"主流文化"，往往表现为服饰、发式上的标新立异，语言、行为、心理上的逆反和对传统文化的反抗。在营销活动中，采用视觉、听觉双重形式的广告宣传比单纯的视觉形式或听觉形式的广告更能给青少年留下深刻印象。

3. 社会阶层

社会阶层是社会学家根据职业、收入来源、教育水平、价值观等对人们进行的一种社会分类，是按层次排列的并具有同质性和持久性的社会群体，同一阶层的成员具有类似的价值观、兴趣和行为，在消费行为上相互影响并趋于一致。例如，在中国的汽车市场上，一般认为"宝马"和"奔驰"汽车更适合上层社会消费者，而"捷达"汽车则更适合中、下层社会消费者。

案例6　迥异的风俗习惯

在美国，购买食品被认为是一种琐事，因而家庭主妇到超市采购的次数较少，但每次购买量很大；而在法国，家庭主妇在购物过程中与店主和邻居交往是她们日常生活的一个组成部分，因而她们的采购是多次、少量的。正因如此，产品广告对促进美国家庭主妇购买很有效，而产品现场陈列对促进法国家庭主妇购买更有效。另外，美国家庭冰箱的容积要比法国家庭的大些。

一家航空公司几乎丧失了为中东地区服务的资格，因其广告画面是一位空姐微笑着向头等舱旅客提供香槟。该广告违反了伊斯兰教文化的基本原则：伊斯兰教信徒不准喝酒，不戴面纱的妇女不得和非亲属的男性在一起。

某企业发明一种治皮肤病的药。这种药是倒在澡盆中用的，在英国销售很成功，但在法国销售却失败了，因为法国人只冲淋浴。可口可乐公司的一个广告画面上将支撑雅典神庙的石柱换成四个可乐瓶，这引起尊崇此神庙的希腊人大怒。该广告也被迫撤回。英国出口到非洲的食品罐头一个也卖不出去，因为罐头盒子上印了一个美女图案，而非洲人认为罐头里装什么，罐头盒子上就画什么。中国海尔空调商标上的"海尔兄弟"图案在法国受到欢迎，因为购买空调的多为女性，而她们喜爱孩子；但在中东地区却禁止该图案出现，因为这两个孩子没穿上衣。美国一家玩具公司生产的洋娃娃在美国很受欢迎，但出口到德国却无人问津，因为该洋娃娃的形象与德国风尘女郎非常相似。后来这家玩具公司对洋娃娃的形象做了适当调整才使洋娃娃受到德国人欢迎。加拿大一家公司将一种"Every Night"品牌洗发剂引入瑞典市场，起先销路不好，当了解到瑞典人洗头通常在早晨而不是晚上后，便把品牌"Every Night"改为"Every Day"，从而使该产品销量大为增加。

（资料来源：杨剑英，张良明. 市场营销学. 南京大学出版社）

3.3.2 社会因素

消费者的购买行为也经常受到一系列社会因素的影响。影响消费者购买行为的社会因素主要包括消费者的相关群体、家庭、角色与地位等。

1. 相关群体

相关群体是指能够直接或间接影响消费者的消费态度、价值观念和购买行为的个人或集体，它们可以分为以下四类。

（1）对个人影响最大的首要群体，如家庭成员、亲戚朋友、同事邻居等。

（2）对个人影响不大的次要群体，如职业协会、宗教团体等。

（3）个人并不直接参加但影响显著的崇拜性群体，如明星、偶像等。

（4）价值观和行为被大家所拒绝接受的隔离群体。

2. 家庭

家庭是社会中最重要的消费品购买组织，大部分的消费行为是以家庭为单位进行的。人们的消费行为、消费习惯等最先是从家庭继承和发展而来的。家庭的社会地位、经济条件和家庭结构等都会对消费者购买行为产生影响和制约。家庭生命周期如表3-3所示。

3. 角色与地位

每个人的一生会参加许多群体，如家庭、公司、俱乐部及各类组织，一个人在群体中的位置可用角色和地位来确定。例如，某人在女儿面前是父亲，在妻子面前是丈夫，在公司里是经理。每种角色都伴随着一种地位，消费者做出购买选择时往往会考虑自己的角色和地位，企业把自己的产品或品牌变成某种角色或地位的标志或象征，将会吸引特定目标市场的消费者。

表 3-3 家庭生命周期

阶　段	购 买 行 为
单身阶段	关心时尚，喜欢娱乐和休闲，新观念的带头人
新婚阶段	财务状况好、购买力强，耐用品购买力强，高档家具、旅游度假需求旺
满巢一期（最小孩子小于6岁）	家庭用品采购高峰期，家庭需要购买婴儿食品、服装、玩具产品
满巢二期（最小孩子6岁及以上）	购买经济实惠产品，购买行为日趋理性化，孩子教育培养花费增加
空巢一期（中年夫妇，孩子未独立）	财务状况较好，家庭会更新大件物品
空巢一期（孩子独立，父母工作）	对财务状况满足，喜远游、娱乐、自我教育，对新产品没兴趣
空巢二期（孩子独立，父母退休）	外出旅游，参加老年人俱乐部，医疗服务和保健品需求强烈
丧偶独居阶段	收入减少，生活节俭，医疗服务和保健品需求更强烈

？ 请你举例说明相关群体对消费品购买行为的影响。

案例7 康明斯大卡车

"安全、抗用、省钱"，还记得"康明斯大卡车"吗？这个影响几代人的经典，如今已经深深扎根在青海地区人们的心里。据了解，在青海，"60后"和"70后"老司机、"80后"年轻司机，甚至一个家族几代卡车人都在使用配装了康明斯发动机的东风卡车，也就是他们口中的"康明斯大卡车"。杨海生的父亲是一名老卡车司机，而他选择开卡车也是深受父亲影响。在买新卡车前，他找到父亲商量。父亲只说了这样一句话："我开过两辆配'康机'的卡车都不赖，按照常理这东西一代比一代强，选择'康机'应该没有错。"父亲的阅历及经验给了杨海生足够的自信，因此他坚定地选择了搭载东风康明斯340发动机的东风大力神自卸卡车。

（资料来源：李坚强，蒋良骏，周科. 市场营销——过程与实践. 南京大学出版社）

3.3.3　个人因素

个人因素指消费者的生理、个性、生活方式、经济条件等对购买行为的影响。

1. 生理因素

生理因素是指性别、年龄、体征（高矮胖瘦）和嗜好（饮食口味）等生理特征的差别。例如，购买大件耐用消费品及技术含量较高的产品往往由男士出面，而购买家庭日用消费品则多数是女士的"专利"；儿童喜欢各种玩具、糖果，老年人则需要各种医疗保健品；在食品选择上，有的人喜欢甜味、有的人喜欢辣味、有的人喜欢酸味等。

2. 个性因素

个性是指一个人的心理特征。例如，性格外向的人大多爱穿浅色衣服和时髦的衣服，性格内向的人爱穿深色衣服和庄重的衣服；依赖性强的人易于相信广告宣传，易于建立对品牌的信赖和对渠道的忠诚，独立性强的人不轻信广告宣传等。

3. 生活方式

生活方式反映了人们对怎样花费时间和金钱的态度及其所做的消费抉择的形式。企业的市场营销应注意寻找产品与各种生活方式群体之间的联系，进而制定出恰当的营销对策。

4. 经济状况

经济状况是指消费者可支配收入、储蓄、资产和借贷的能力。经济状况决定着能否发生购买行为，以及发生何种规模的购买行为，还决定着购买产品的种类和档次。例如，低收入家庭不会选择购买汽车，只能购买基本生活必需品以维持温饱。

案例 8	杭州某包子店为何无人理

杭州某包子店是在杭州开设的分店，地处商业黄金地段。其正宗的包子以薄皮、水馅、滋味鲜美等特色而著名。当该店一再强调其鲜明的产品特色时，却忽略了南方与北方消费者的生活方式存在差异，那么该包子店受挫于杭州也是在所难免了。首先，该店包子馅比较油腻，不合喜爱清淡食物的杭州市民的口味。其次，该店包子不符合杭州市民的生活习惯。杭州市民将包子作为方便快餐，往往边走边吃，而该店包子由于薄皮、水馅、容易流汁，不能拿在手里吃，只能坐下用筷子慢慢享用。再次，该店包子馅多半都是蒜一类的辛辣食物，这与杭州这个南方城市的传统口味也相悖。

（资料来源：徐军委. 市场营销学. 企业管理出版社）

➥ 3.3.4 心理因素

消费者购买行为还要受动机、知觉、学习、信念和态度等心理因素的影响。

1. 动机

购买动机是由需要引起的、推动人们实施购买行为的内在驱动力。消费者的需求是多种多样的，其消费动机也是多种多样的。具体有以下几种。

（1）求实动机。具有求实动机的消费者在购买产品时，注重产品的实际使用价值，讲求经济实惠、经久耐用，不大注重产品的外观、花色和款式。

（2）求美动机。具有求美动机的消费者在购买产品时，注重产品的颜色、造型、外观、包装等因素，重视产品对环境的装饰作用和对人体的美化作用。具有这种购买动机者多为青年和妇女等。

（3）求廉动机。具有求廉动机的消费者，在选购产品时，特别注重产品的价格，对便宜、降价、处理、打折产品具有浓厚的兴趣，而对产品的花色、款式等"外在形象"不太注意。

（4）求名动机。具有求名动机的消费者在购买产品时，对名牌、高档产品具有特殊的偏好，这种消费者一般具有一定的经济实力。此外，炫耀心理和攀比心理较强的人，即使经济条件一般，也可能具有此种购买动机。

（5）求新动机。具有求新购买动机的消费者购买产品时，以追求产品的新颖、时尚、奇特为主要目的，特别注重产品的款式、流行式样和色彩，力求自己能紧跟潮流、与众不同。

（6）求安动机。具有求安全购买动机的消费者购买产品时，十分注重产品的安全可靠、干净卫生，不损害人体健康。在购买医药、食品、卫生用品和煤气用具等产品时，显得尤为突出。

在现实生活中，促成消费者实现购买行为的常常不是某种单一的动机，而是多种动机的综合。例如，某女士购买一件价值不菲的裘皮大衣，既是为了保暖，也是为了美观，还可能是为了显示自己经济实力和与众不同。这样，由于受多种动机的共同支配，该女士在选购大衣时，就会从质地、价格、品牌等各方面来综合考虑。

案例 9　天美时公司重视消费者心理大获成功

美国市场上每出售三只手表中，就有一只是天美时（Timex）手表。在欧洲、非洲，天美时手表投放到哪里，就会猛烈冲击哪里的手表市场，并使手表市场发生有利于天美时公司的改变。这是为什么呢？

一是天美时公司抓住消费者的求廉心理，手表价格低得出奇，以出售低档天美时手表而闻名于世。1950年，男式天美时手表零售价只有6.9~7.95美元；1954年，男式天美时手表也只有12.95美元；1958年，天美时公司出售第一批整套女用天美时手表，其中一只在化妆时用，一只在打球时用，一只在平常用。这套天美时手表价格在50美元以下。这种低价手表成为人们的常用表和逢年过节的礼品，如在学生毕业、圣诞节或父母过生日时都可以买一套天美时手表作为礼物。20世纪60年代，该公司声称它占有世界50美元以下女式手表市场的36%。

二是天美时公司抓住消费者的求实心理，即产品要耐用、质量可靠。为此，天美时公司的推销方式出奇地吸引人。据报道，天美时公司的推销方式完全是按照马戏团吸引观众的方式进行的，十分惊险。这在保守的手表业中是前所未闻的。天美时公司的推销员在访问零售店时，把手表猛摔在墙上或浸在水桶里，以证明其防震和防水质量。天美时公司因其所谓的"摔打试验"而在国内外享有盛名。天美时公司在做商业广告时，实况广播天美时手表被拴在马尾上或从高处投入水中或被缚在冲浪板上面和进行水陆两栖飞行之后，人们仍可以看到天美时手表继续走动，以此证明了天美时手表的质量。

因此，天美时手表无论在哪里都给予消费者良好的印象。仅在1963年12月，天美时公司就在非洲市场出售了一万只天美时手表。接着，天美时手表顺利进入了法国市场。

（资料来源：段淑梅，万平．市场营销学．机械工业出版社）

2. 知觉

知觉是指外界刺激作用于人体感官时，人脑对外界的感觉信息的看法和理解。当我们听到一段音乐、看到一则广告、闻到炸鸡的香味、摸到一种产品的时候，虽然我们通过感觉获得了大量零碎的信息，但只有一小部分成为头脑中比较深刻的印象，并对行为产生影响。例如，我们饥饿的时候，便可能会注意到各类食品；相反，如果刚刚吃饱饭，刚炸好的鸡腿可能也不会被我们注意到。再如，当商店打折幅度较小时也许我们不会加以关注，但如果打到五折甚至三折时，我们注意到这种降价的可能性就会大很多。

3. 学习

学习是指由于经验而引起的个人行为的改变。现代行为科学认为，学习是刺激、反应、奖酬与强化的综合过程。例如，当你需要一台计算机的时候（刺激），你会到计算机商场选择购买（反应），使用中你认为效果很好（奖酬），你的行为就被正强化了。当你下一步想购买一台打印机的时候，虽然你也看到了其他一些品牌，你很可能因为计算机在你身上的效果而购买同一品牌的打印机；相反，如果你感觉这个品牌的计算机不好用（负强化），你就不会再购买这种计算机及同一个品牌的其他产品。正强化或负强化激励人们重复某种行为或避免某种行为。

4. 信念与态度

信念是指人们在思想上对某种事物所持有的看法和评价，具体表现为信任程度的强弱。例如，某位消费者没买"容声"冰箱而选择了"海尔"冰箱，可能就是因为他信赖"海尔"这一品牌。因此，消费者对企业及其产品或服务所持有的信念，往往就构成了该企业及其产品或服务的形象，并成为消费者购买行为的依据。

态度是指人们对某种事物的倾向性评价，如对产品的商标、外观、质量所持的态度，对企业经营方式和经营作风的看法等。消费者对产品持积极态度，会推动购买行为的完成；持消极否定态度，则会阻碍购买行为。企业要利用各种媒体，加强与消费者之间的信息沟通，促进消费者对产品形成积极肯定的态度，扭转消费者的不利态度。

综上所述，消费者的购买行为是文化、社会、个人和心理因素之间相互影响和作用的结果。

练习与实训三

一、选择题

1. 产品的（　　　）是消费该产品并得到产品使用价值的人。

 A. 发起者　　　　　　B. 决定者　　　　　　C. 购买者　　　　　　D. 使用者

2. 根据过去的购买经验和使用习惯而进行购买的行为类型属于（　　　）。

 A. 理智型　　　　　　B. 感情型　　　　　　C. 习惯型　　　　　　D. 单一型

3. 小李购买热水器时最注重的就是产品的安全性，小李的购买动机是（　　　）。

 A. 求便动机　　　　　B. 求美动机　　　　　C. 求实动机　　　　　D. 求安动机

4. 你从电视广告中得知"雕牌"透明皂产品质量好、价钱实惠，这是购买行为中的（　　　）阶段。

 A. 确认需求　　　　　B. 收集信息　　　　　C. 评价商品　　　　　D. 购买决策

5. 小王想买一部手机，来到科技市场看中了售价 5 888 元人民币的 iPhone 8。但考虑到自己每月只有 3 000 元人民币的收入，就选择了价值 1 499 元人民币的 OPPO 手机。这种购买决定属于（　　　）。

 A. 理智型　　　　　　B. 感情型　　　　　　C. 经济型　　　　　　D. 习惯型

二、名词解释

消费品市场　　　选购品　　　特殊品

三、简答题

1. 消费品市场的特点是什么？

2. 简述消费者购买行为的类型。

3. "7O"分析法是如何分析消费者购买行为的？

4. 简述消费者购买决策的过程。

5. 影响消费者购买行为的因素有哪些？

四、案例分析题

企业该如何应对崛起的"00后"消费者群体？

世界在变，时代在变，对于"80后"甚至"90后"来说，一个残酷的现实是"00后"即将登场。2000 年后出生的"Z世代"们会逐渐成为新生代消费市场的主力军。

一、"00后"消费特点

1. 互联网："全网"人生

"00后"从一出生，就已经在用互联网产品了。独特的环境，让他们非常好地接触到各类资讯的媒体、娱乐和信息交流。网购、网上订餐、网上社交，一切日常所需都可以在网上解决，一切可以在手机上做的事就可以不去现场排队浪费时光，甚至习惯于"即插即用"的生活方式。类似 Airbnb、Uber 的共享经济成为互联网生存方式之一。

2. 游戏：爱大众也爱小众

伴随着媒体接触者的低龄化，网络游戏接触者也呈现低龄化的趋势。6~14 岁是"00后"接触网络游戏的主要时期。跨越着青春期的"00后"群体内部呈现断裂式的差异，而这种差异影响着"00后"的游戏偏好。简易的如开心消消乐、球球大作战等益智休闲类游戏，复杂的如王者荣耀等大型竞技类网游，都在"00后"群体中有较高的渗透率。

3. 拍照：最爱美的一代

"变美"是"00后"群体的突出需求。"美图秀秀""美颜相机""天天P图"等拍照软件是"00后"群体必备的变美神器。"00后"用户在"美拍"平台上的活跃度是"90后"用户的3倍，是"80后"用户的5倍。"秀自拍"是"00后"的社交日常。青春期的"00后"对"美"的渴望高于其他任何群体。

4. 音乐：越年轻，越潮流

在听歌这件小事上，"00后"还是有些迷糊的，"花心"和"听歌不认人"是常态。"00后"对原唱歌手忠诚度较低，"爱翻唱"甚至胜过"粉 idol"。"00后"听音乐口味多元化，如英语歌、韩语歌、日语歌都是他们的"菜"。

5. 社交：社交依赖者

在移动社交应用上，"00后"的人均单日使用次数和人均单日使用时长都高于整体水平。对于加陌生人为好友，他们表现出较高意愿。

"00后"交友并非漫无目的，而是遵循兴趣法则。在明星、恋爱、游戏、二次元等兴趣的引领下，"00后"交友向多个社交平台全面渗透，如新兴社交应用"探探""爱豆I-DOL""玩吧"等，老牌社交应用"百度贴吧""QQ空间"等。微信、QQ、微博三大社交平台聚集了大量的"00后"。他们在社交平台上成长潜力巨大。

6. 视频：有个性才合口味

和视频领域的"大盘"相吻合，"BAT"依旧领军"00后"群体长视频应用平台。此外，"00后"对"哔哩哔哩""快手""西瓜""抖音短视频"等个性化、碎片化的内容也有着强烈的偏好。

7. 二次元：生活不可缺少的单品

对于"00后"来说，二次元漫画是不可或缺的单品，漫画App的使用频率、登录时长都比较高。"00后"重点关注青春国漫（中国漫画简称），以满足他们对未来"自己能成为什么样的人"的想象。

二、品牌启示录

（1）"00后"的生活相对于"90后"，仍旧较为单调。"00后""两点一线"的生活决定了学习仍旧是他们生活的重心。因此，针对"00后"的品牌产品活动不可越过学校。

（2）网购是"00后"的重要购物渠道。但"00后"的网购行为通常要与家长一起进行。对于品牌产品而言，企业应创造家庭消费。

（3）针对部分社会热点，"00后"不仅会上网观看，偶尔还会参与其中进行讨论。

因此，企业可以通过品牌产品，有针对性地选择一些社会议题，帮助"00后"搭建互动平台。

（4）对于品牌产品的消费，"00后"有着较高的关注度和较低的忠诚度。企业要利用培养期，搭建"00后"与品牌产品的关联，培养品牌意识。

议一议：

（1）你是否认同上述对"00后"消费者需求的分析？你认为"00后"消费者需求还有哪些特点？

（2）针对"00后"消费者需求特点，企业应采取什么营销对策？

五、课外实践

以学习小组为单位，选定某一种或某一类产品，分析消费者选购该产品时的行为表现和消费心理。根据上述分析结果，提出营销建议。

项目四　确定目标市场

知识要点

◎ 了解市场细分、目标市场及市场定位的含义

◎ 熟知选择目标市场的五种模式、目标市场战略

◎ 掌握市场定位的方法

能力要点

◎ 学会分析和评价细分市场，从而确定目标市场

◎ 能够使用市场定位的方法，为企业及其产品进行最恰当的市场定位

引例4——ZARA 的 STP 营销

ZARA 公司是西班牙 Inditex 集团旗下的一个子公司。ZARA 既是服装品牌，也是专营 ZARA 品牌服装的连锁零售店品牌。目前，ZARA 公司已拥有遍布世界 87 个主要城市商业中心的 1900 多家店铺。ZARA 公司在国际上的成功清楚地表明时装文化无国界。

1. ZARA 公司的市场细分（Segmenting）

按照市场的地理位置，ZARA 公司将市场划分为欧美市场（产品在欧美地区销售）、亚洲市场（产品在发展中国家销售）。ZARA 公司的独立专卖店一般选择开在商厦的临街底层位置，且其大面积的建筑外壁面通过设计形成鲜明的品牌形象。ZARA 公司巨大的店铺外观形成天然的广告牌。

按照消费群体，ZARA 公司将市场划分为青少年市场、中年市场。ZARA 公司目标客户群定位在 20 至 35 岁的消费者。这一年龄段的消费者时尚敏感度高但尚不具备购买顶级服饰品牌的能力。

按照产品质量和价格档次，ZARA 公司将市场划分为高档市场（又可细分为高高市场、高中市场、高市场）、中档市场（又可细分为中高市场、中市场、中低市场）、低档市场（又可细分为低高市场、低中市场、低低市场）。

按照消费者心理细分，ZARA 公司以"多款式、小批量"服装满足了大量消费者个性化的需求，培养了一大批忠实的追随者。ZARA 公司的服装款式更新快，增加了消费者新鲜感，从而吸引消费者不断重复光顾 ZARA 公司的店铺。

通过对消费者行为分析，ZARA 公司在传统的顶级服饰品牌和大众服饰中间独辟蹊径，开创了快速时尚（Fast Fashion）商业模式，成为时尚先锋。

2. ZARA 公司的目标市场（Targeting）

ZARA 公司选择的目标消费群是收入较高并有着较高学历的年轻人。这群消费者尽管国别不同、肤色不同，但是都同样年轻、时尚，听着相同的音乐，看着相同的电影。特别是互联网的发展使得信息流动更加快捷，这群消费者更加与世界同步。正是这群消费者在文化和生活方式追求上的趋同，使得 ZARA 公司在进入一个新的服装市场时只要稍微调整一下商业模式就行。这也意味着无论是米兰的风格还是纽约的风格，一件服装在其款式设计完成后几乎不用改动就可在全球销售了。

3. ZARA 公司的市场定位（Positioning）

作为一个具有独立服装品牌的 ZARA 公司该如何在群雄逐鹿的服装市场中找准自己的定位呢？ZARA 公司为了保持可持续的市场竞争能力，确立了差异化的市场定位。正如 ZARA 公司所做到的，他们清晰地定位于青年和儿童消费者，并且把 20 至 35 岁的年轻人作为重点服务的顾客群体。

（资料来源：杨柏欢，丁阳，李亚子. 市场营销理论与应用. 南京大学出版社）

任务一　认知市场细分

⇒ 4.1.1　市场细分的含义

市场细分是由美国市场营销学家温德尔·史密斯于 1956 年首先提出的。它是目标市场营销活动的一个重要基础步骤。

> 你不可能两次踏进同一条河流，因为流向你的水永远是不同的水，而第二次踏进河流的你也不是过去的你。
>
> ——〔古希腊〕赫拉克利特

所谓市场细分，是指企业通过市场调研，根据消费者需求的差异性，把整体市场及全部消费者和潜在消费者划分为若干个子市场的过程。

每个细分市场都是由需求倾向类似的消费者构成的群体。所有细分市场之总和便是整体市场。由于在消费者群体中，消费者的需求大致相同，所以企业可以通过一种产品和营销组合策略来满足消费者的需求。市场细分实际上是一种求大同、存小异的市场分类方法。市场细分不是对产品进行分类，而是对需求各异的消费者进行分类，是识别具有不同需求和欲望的购买者或用户群的活动过程。

小贴士　　　　　　　　　　　　　STP 理论

美国营销学家菲利浦·科特勒进一步发展和完善了温德尔·史密斯的理论，并最终形成了成熟的 STP 理论——市场细分、目标市场选择和市场定位。STP 理论是战略营销的核心内容。

（资料来源：刘昱涛．市场营销实务．电子工业出版社）

⇒ 4.1.2　市场细分的作用

市场细分对于企业和消费者来说具有举足轻重的作用。它不但可使企业获得丰厚的利润，而且使消费者的需求得到满足。市场细分的作用有以下几点。

1. 有利于企业发现市场机会、选择市场

企业通过市场细分，可以发现市场上对产品需求未得到满足的消费者，即满足不够或水平较低的市场部分，从而确定适宜于自身的目标市场。例如，某些企业通过市场细分，发现人们在平时快节奏的生活中没有时间洗头发，于是专门为这些消费者生产了免洗洗发水。免洗洗发水能节约这些消费者的洗头时间，所以受到了他们的欢迎。

2. 有利于制定和调整市场营销策略

市场细分对消费者而言就是"量体裁衣"。企业要针对细分后的市场制定相适宜的营销策略。例如，铅笔市场细分为 2B 铅笔市场、H 铅笔市场、B 铅笔市场等。

3. 有利于中、小企业开发和占领市场

中、小企业一般资金有限、技术薄弱，在和一些实力雄厚的大企业进行竞争时往往会处于不利的地位。通过市场细分，中、小企业往往可以发现大企业未曾顾及或不愿意顾及的某些尚未被满足的市场需求，从而在这些细分市场中求得生存和发展。综上所述，市场细分对于中、小企业尤为重要。例如，有些小企业通过调研发现，刚参加工作的年轻人需要价格低、耗油小的汽车，于是大量生产这种类型的汽车，获得了比较好的市场反响。

4. 有利于集中使用资源、提高效益

通过市场细分，企业可以将有限的人力、物力、财力等资源集中用于能产生最大效益的地方，取得理想的经济效益。例如，某服装生产企业在进行市场细分后，结合自身的资源决定进入老年服装市场，结果取得了理想的经济效益。

4.1.3 市场细分的标准

市场细分的基础是市场需求的差异性。造成这种差异性的因素就是市场细分的标准。在本书中只涉及消费者市场的细分标准。

消费者市场的细分标准通常是求大同、存小异，一般由地理环境、人口状况、消费心理和购买行为四大因素组成。消费者市场细分的标准如表4-1所示。

? 帮小明想想，他的饮食店按哪种因素进行市场细分比较合适呢？

表4-1　消费者市场细分的标准

细分标准	主要细分因素	具体特征（亚、子市场）
地理环境	方位区域	东北、西北、华北、华东、中南、西南等
	城乡区别	城市、乡村、大城市、中等城市、小城镇等
	气候区别	热带、亚热带、温带、寒带等
	地形区别	山区、平原、丘陵、盆地、沿海等
人口状况	性别	男、女
	年龄	婴幼儿、儿童、少年、青年、中年、老年等
	家庭规模	1~2人、3~4人、5人以上
	家庭收入（人均年收入）	1 000元人民币以下、1 000~5 000元人民币、5 000元人民币以上
	民族	汉族、壮族、蒙古族等
	职业	工人、农民、学生、教师等
	文化程度	小学、中学、大学等
消费心理	生活方式	事业型、朴素型、时髦型等
	个性特点	外向型、内向型、理智型、冲动型等
	购买动机	求实、求廉、求美、求新、求名等

续表

细分标准	主要细分因素	具体特征（亚、子市场）
购买行为	购买频率	高、中、低
	购买时间	白天、晚间、日常、节假日
	购买数量	大量用户、中量用户、少量用户
	购买忠诚度	坚定品牌忠诚者、多品牌忠诚者、转移品牌忠诚者、无品牌忠诚者等

1. 地理环境

地理环境是指地理位置、城镇大小、地形和气候的情况。消费者处在不同的地理环境时，对于同一类产品往往会有不同的需求和偏好。

（1）地理位置。按照方位区域划分，我国可划分为东北、西北、华北、华东等几个地区，如在我国北方省份，面食非常受欢迎。

（2）城镇大小。按照城乡区别划分，我国可划分为城市、乡村、大城市、中等城市、小城镇等。由于大城市与乡村的居住环境的差异，消费者对于汽车的选择大相径庭。大城市的消费者通常会选择宽敞舒适的汽车，而乡村的消费者通常会选择价格低廉的汽车。

（3）地形和气候。按照地形区别划分，我国可分为山区、平原、盆地等；按照气候区别划分，我国可划分为热带、温带、寒带等。对于不同的地形，消费者对交通工具的需求也不同。在山区的消费者选择摩托车比较多，而在平原的消费者选择汽车比较多。对于不同的气候，消费者对防暑降温、御寒保暖的消费品需求也不同。

2. 人口状况

人口状况即人口统计数量。它较其他细分标准更具有可衡量性，是细分消费者市场的重要依据。它具体包括以下内容。

（1）年龄。消费者可以分为婴幼儿、儿童、少年、青年、中年、老年等。他们的需求有各自的特点。例如，对衣服注重流行、时髦的是青年市场，对衣服注重大方、得体的是中年市场。

（2）性别。消费者可分为男性和女性。例如，销售化妆品、家居日用品、食品的市场主要针对的是女性，而销售香烟、体育用品、酒类的市场主要针对的是男性。

（3）收入。消费者根据收入水平的高低可分为高收入、次高收入、中等收入、次低收入和低收入5个群体。高收入的消费者比低收入的消费者更可能购买高价格的产品。例如，高收入的消费者购买钢琴、家庭影院、豪华汽车的可能性要比低收入的消费者更大一些。

（4）民族。不同的民族按照各自的传统习俗与生活方式对产品有不同的需求，例如，回族中年男子一般都会戴白色的小帽。

（5）职业。消费者从事的职业不同，其需求也存在很大的差异。例如，教师比较喜欢购买书籍。

（6）文化程度。在我国，消费者按照文化程度可划分为小学、中学、大学等群体。消费者的文化程度会影响消费者对产品的购买种类、购买行为和购买习惯等。例如，购买国外歌剧 DVD 的消费者多数是受教育程度较高的消费者。

（7）家庭规模。按照家庭规模可分为 1~2 人、3~4 人、5 人以上群体。由于家庭人口数量的不同，家庭成员对产品的兴趣与偏好会有很大的差别。例如，对于住房，单身汉的要求是单间的，而成家立业者的要求是 3 室 2 厅的。

3. 消费心理

消费心理是一个极其复杂的因素，具有多样性、时代性和动态性的特点。它具体包括以下内容。

（1）生活方式，即人们对自己的工作、休闲和娱乐的态度。不同生活方式的消费者对产品的需求是不同的。

（2）个性特点。消费者的性格分为外向型和内向型。企业可以根据消费者在性格上的差异，努力赋予其产品与某类消费者性格相投的"品牌个性"。例如，"羽西"化妆品品牌以成熟的现代女性为目标对象，而"色彩地带"化妆品品牌则以年轻女孩为目标对象。

（3）购买动机，即消费者购买产品所追求的利益。例如，有人购买房子是为了自己居住，有人购买房子是为了显示经济实力，还有人购买房子是为了投资等。

4. 购买行为

企业可以按照消费者购买行为习惯来细分市场。购买行为具体包括以下内容。

（1）购买时间。根据消费者对产品不同时间的需求，可以把市场划分为不同时间的细分市场。例如，羽绒服的购买时间一般在冬季，冰激凌一般在夏天销售额比较高。

（2）购买数量。根据消费者对产品不同的需求数量，市场可分为大量用户、中量用户和少量用户市场。大量用户一般人数不多，但消费量大。例如，针对奶茶市场，年轻人喝得最多。

（3）购买频率。根据消费者购买频率，市场可分为一般购买、不常购买和经常购买市场。例如，对于收藏品，高收入消费者经常购买，中等收入消费者不常购买，而低收入消费者则不买。

（4）购买忠诚度。根据消费者购买忠诚度，市场可分为坚定品牌忠诚者、多品牌忠诚者、转移品牌忠诚者和无品牌忠诚者市场。坚定品牌忠诚者即忠诚于某种产品的购买者。例如，有的家庭只买海尔品牌的家电。多品牌忠诚者即同时忠诚于两个或两个以上品牌并交替购买的消费者。例如，有的消费者购买牙膏时只在佳洁士牙膏、中华牙膏和黑人牙膏中换着买。转移品牌忠诚者即从偏爱一种品牌转变为偏爱另一种品牌。例如，一直用联想手机的消费者购买了三星手机。无品牌忠诚者即在购买产品时并无一定的品牌偏好。例如，很多消费者在购买袜子时是随意的。

案例1　麦当劳公司瞄准细分市场需求

麦当劳公司作为一家国际餐饮巨头企业，创始于20世纪50年代中期的美国。当今麦当劳公司已经成长为世界上最大的餐饮集团，在109个国家开设了2.5万家连锁店，年营业额超过34亿美元。麦当劳公司根据地理、人口和心理要素准确地进行了市场细分，并分别实施了相应的战略，从而达到了企业的营销目标。

一、地理要素细分市场

麦当劳公司有美国国内和国际市场，而不管是在国内还是国外，都有各自不同的饮食习惯和文化背景。麦当劳公司通过把市场细分为不同的地理单位进行经营活动，从而做到因地制宜。例如，麦当劳公司刚进入中国市场时大量传播美国文化和生活理念，并以美国式产品牛肉汉堡来征服中国人。但中国人爱吃鸡肉，与其他洋快餐相比，鸡肉产品更符合中国人的口味，更加容易被中国人所接受。针对这一情况，麦当劳公司改变了原来的策略，推出了鸡肉产品。以前在全世界从来只卖牛肉产品的麦当劳公司现在也开始卖鸡肉了。麦当劳公司这一改变正是针对地理要素所做的，也加快了麦当劳公司在中国市场的发展步伐。

二、人口要素细分市场

麦当劳公司主要从人口的年龄及生命周期阶段对市场进行细分。其中，麦当劳公司将不到开车年龄的人口划定为少年市场，将20~40岁的人口划定为青年市场，还划定了老年市场。公司人口市场划定以后，要分析不同市场的特征与定位。例如，麦当劳公司以孩子为中心，把孩子作为主要消费者，十分注重培养他们的消费忠诚度。在麦当劳餐厅用餐的小朋友，经常会意外获得印有麦当劳公司标志的气球、折纸等小礼物。在中国，还有麦当劳叔叔俱乐部，参加者为3~12岁的小朋友，定期开展活动，让小朋友更加喜爱麦当劳公司及其产品。这便是相当成功的人口细分，抓住了该市场的特征与定位。

三、心理要素细分市场

根据人们生活方式划分，快餐业通常有两个潜在的细分市场：方便型市场和休闲型市场。在这两个市场，麦当劳公司都做得很好。例如，针对方便型市场，麦当劳公司提出"59秒快速服务"，即从顾客开始点餐到拿着食品离开柜台标准时间为59秒，不得超过1分钟。针对休闲型市场，麦当劳公司对餐厅店堂布置非常讲究，尽量做到让顾客觉得舒适自由。麦当劳公司努力使顾客把麦当劳餐厅作为一个具有独特文化的休闲好去处，以吸引休闲型市场的消费者群。

综上所述，麦当劳公司对地理、人口、心理要素的市场细分是相当成功的，不仅在这方面积累了丰富的经验，还注入了许多自己的创新，从而继续保持着餐饮霸主的地位。

（资料来源：杨铁锋，陈晓霞. 这样的店很抢手. 人民邮电出版社）

4.1.4　市场细分的方法

因为市场细分的标准很多，所以企业应采取一定的方法综合考虑，才能正确细分市场。常用的市场细分的方法有以下几种。

1. 单一标准法

单一标准法即往往按一个影响因素细分市场。例如，服装市场按年龄划分，图书市场按文化程度划分等。

2. 综合标准法

综合标准法即按照两种或两种以上的因素对某种产品的整体市场进行综合细分。例如，按职业、收入与文化程度可以把女性化妆品市场划分为几类。按职业、收入与文化程度划分的女性化妆品市场如图 4-1 所示。

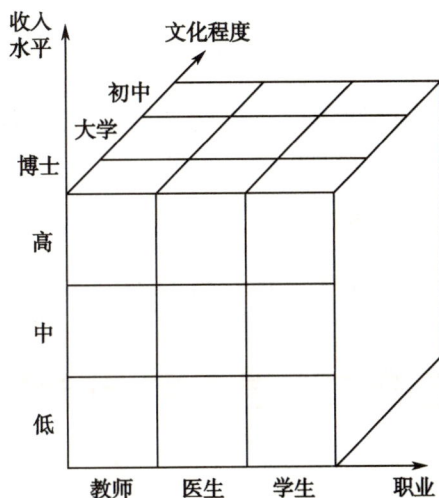

图 4-1 按职业、收入与文化程度划分的女性化妆品市场

3. 系列标准法

系列标准法即企业用逐步细分的方法可以向每位消费者提供特定的产品。例如，根据消费者的要求定做家具等。系列标准法如图 4-2 所示。

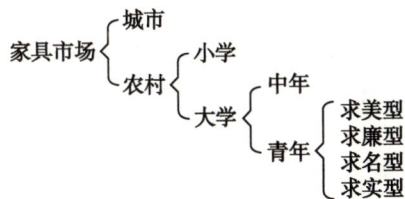

图 4-2 系列标准法

4.1.5 市场细分的步骤

1. 正确选择市场范围

企业选择的市场范围不宜过宽也不宜过窄。

2. 列出潜在消费者的需求情况

潜在消费者的需求情况可以作为以后深入研究市场的基本资料和依据。

3. 分析潜在消费者的不同需求，初步划分市场

企业通过分析不同消费者的需求，初步划分出一些差异较大的细分市场，并至少从中选出 3 个子市场。

4. 确定市场细分应考虑的需求，并对初步细分的市场加以筛选

企业应分析哪些需求对消费者来说是重要的，并将这些需求与企业的实际条件进行比较，然后删除那些无关紧要的需求。

5. 为细分市场定名

企业可以用形象化、直观化的语言为细分市场定名，如飞机的舱位有头等舱、经济舱等。

6. 复核

企业可以进一步对细分后选择的子市场进行调查研究，而其结果可作为最后选定目标产品和制定营销策略的分析依据。

7. 决定细分市场规模，选定目标市场

企业应选择与本企业经营优势和特色相一致的子市场，并将其作为目标市场。

任务二 选择目标市场

4.2.1 目标市场的含义

目标市场就是企业要找的地盘，即在市场细分的基础上，企业决定要进入的最佳市场部分或子市场。企业的一切营销活动都是围绕目标市场来进行的。目标市场是企业制定营销策略的出发点。

企业在进行市场营销时，为保证企业的营销效率，避免资源的浪费，必须把市场营销活动局限在一定的市场范围内。企业可根据自己的任务目标、资源和特长等，权衡利弊，决定进入哪个或哪些市场部分，选定目标市场。

4.2.2 目标市场应具备的条件

一般来讲，企业的目标市场应具备以下 4 个条件。

1. 有一定的规模

这是选择目标市场的首要条件之一。如果选择的目标市场过于狭窄，没有一定的需求规模，企业就可能达不到它所期望的销售额和利润。例如，服装厂只按照某人的身材生产服装，那么市场上大部分的消费者都买不到自己合身的衣服。如果选择的目标市场过于宽广，企业就会由于市场营销活动铺得过宽而使营销力量薄弱。例如，魅族品牌的产品涉足计算机、MP4、音响等多个市场，由于涉足的市场过多，从而造成企业无暇顾及、最终面临破产。

2. 有一定的发展潜力

评估一个细分市场能否成为一个值得被经营开发的目标市场，不仅要看它是否具备适当的规模，而且还要看它未来的发展变化。例如，IBM 公司以前是生产大型计算机的，通过调查发现，未来计算机的发展趋势是轻薄的笔记本电脑，于是该公司马上转产轻薄的笔记本电脑。

3. 有足够的吸引力

吸引力主要是指市场具有长期获利能力的大小。一个市场可能具有适当的规模和发展潜力，但它不一定就可以作为企业的目标市场。例如，一些小型的超市经常会倒闭，其原因是消费者经常买不到有些东西，这样就造成了消费者的流失。因此，市场还要具有足够的吸引力。

4. 符合企业的目标和资源

理想的目标市场还必须与企业的目标和资源联系起来。有些细分市场虽然规模适合，有发展潜力，也有吸引力，但是因为与企业的发展目标和资源条件不相符，也只得被放弃。例如，国内一家不知名的洗发水企业想要打入价格低廉的低档香皂市场，但是该企业的发展目标是成为洗发水行业的龙头企业，且企业也没有更多的资金去建立香皂生产线，因此也只得放弃香皂市场。

案例2	个性化定制、口味清新的蛋糕更受欢迎

徐瑛是一名全职家庭主妇，也是烘焙爱好者，除了在家带儿子，她还开了一个家庭烘焙工作室。"前年开始接触烘焙，最初就是想让家人吃到无添加剂的蛋糕，于是自己动手做，做完后发到朋友圈，分享乐趣。"徐瑛告诉记者，"我做的蛋糕外形精美、食材新鲜，将其图片发到朋友圈就有很多朋友来订购我做的蛋糕。"

"旺季的时候会忙不过来，每天做到深夜一两点钟，但看到朋友们都很喜欢，我就特别的欣慰。"徐瑛说："家庭烘焙生意主要是靠朋友圈口口相传，我做的蛋糕就是这样慢慢地得到了市场认可。"徐瑛做的蛋糕从翻糖蛋糕、马卡龙到煤球蛋糕，不断在刷新烘焙界的流行款蛋糕。

在徐瑛晒出的众多蛋糕中，传统水果蛋糕比较少，大多是个性化定制款蛋糕。她告诉记者："情景蛋糕现在买的人很多，像熊大、熊二在森林里活动的场景，这类蛋糕很受小朋友的喜爱。电影《美人鱼》上映时，很多小女孩就指明要美人鱼造型的蛋糕。小男孩则更喜欢汽车、飞机造型的蛋糕。"

"麻将、奖状造型的蛋糕也很受欢迎。一些子女会给爱打麻将的长辈送一个麻将款蛋糕；也有年轻夫妻喜欢互送奖状款蛋糕；上面写有'好老公''好老婆'，这样既搞笑又不失温情。"徐瑛说。

（资料来源：杭州网《个性化定制的家庭烘焙越来越火创业却并不简单》，2016-3-30）

↘ 4.2.3 目标市场的选择模式

企业在选择目标市场时有五种可供考虑的模式。企业的五种目标市场模式如图4-3所示，其中 M 表示不同的市场，P 表示不同的产品。

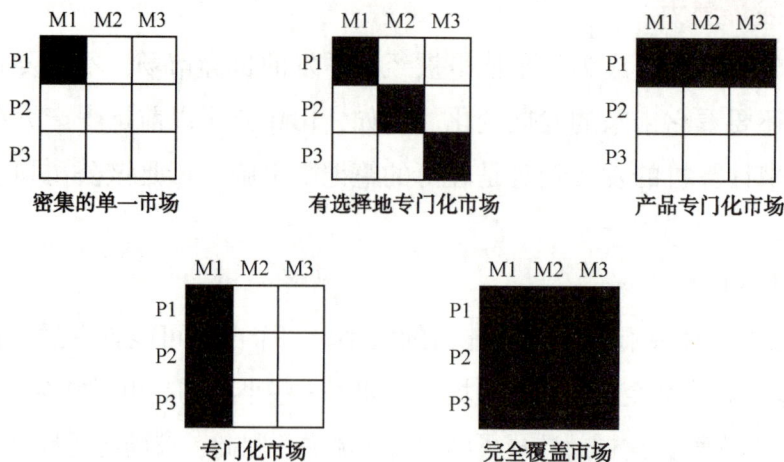

图 4-3　企业的五种目标市场模式

1. 密集的单一市场

密集的单一市场是一种最简单的目标市场模式，即企业只生产经营一种产品，集中供应所选定的细分市场。例如，"肥肥乐"服装公司只生产胖人穿的衣服。

2. 有选择地专门化市场

有选择地专门化市场是指企业有选择性地进入几个不同的细分市场，为不同的消费者提供不同需求的产品。例如，一个服装厂可选择生产青年夹克、中年风衣、老年毛衣等。

3. 产品专门化市场

产品专门化市场是指企业只生产一种产品，用这一种产品满足各细分市场。例如，水笔生产厂商只生产一种型号、颜色、包装的水笔，销售给学生、老师、上班族、大老板等。

4. 专门化市场

专门化市场是指企业专门为满足某个消费者群的各种需要而向某一细分市场提供不同的产品。例如，某企业专门向学校提供课桌、板凳、讲台等。

5. 完全覆盖市场

完全覆盖市场是指企业用各种产品全方位地进入各细分市场。一般实力雄厚的大企业通常采用这种模式。例如，丰田公司针对不同的消费者生产出不同的汽车，有适合高收入消费者的 30 万元人民币左右的商务车，也有适合普通消费者的 10 万元人民币左右的家庭小轿车。

4.2.4　目标市场的选择策略

目标市场一旦选定后，企业就要考虑应采用什么样的营销策略进入目标市场。有以下三种目标市场策略可供选择。

1. 无差异性市场策略

无差异性市场策略是指用一种产品和一套营销组合方案来迎合消费者群体中的大多数人。这是一种求同存异的策略，即企业把整体市场看作一个大的目标市场，不用再进行市场细分。例如，生产冰糖的企业为消费者提供同种口味、相同包装和同等价位的产品。

2. 差异性市场策略

差异性市场策略是指企业把整体市场划分为几个细分市场，针对不同的细分市场的特征设计营销策略，以分别满足不同消费者群的需要。例如，海尔公司根据消费者洗衣服的数量多少和产品质量的等级把洗衣机分为海尔—神童、海尔—小小神童、海尔—至爱、海尔—关爱等产品。

案例 3 宝洁公司的差异性市场策略

始创于 1837 年的宝洁公司，是全球最大的日用消费品企业之一。宝洁公司全球雇员近 11 万，在全球 80 多个国家设有工厂及分公司，所经营的 300 多个品牌的产品畅销 160 多个国家和地区，其中包括织物及家居护理、美发美容、婴儿及家庭护理、健康护理、食品及饮料等。

宝洁公司经营的多种品牌策略不是把一种产品简单地贴上几种商标，而是追求同类产品不同品牌之间的差异，包括功能、包装、宣传等诸多方面，从而形成每个品牌的鲜明个性。这样，每个品牌产品都有自己的发展空间，市场就不会重叠。以洗发水为例，宝洁公司在中国市场上共有五大洗发品牌：海飞丝宣扬的是去头屑，"头屑去无踪，秀发更出众"；飘柔品牌突出"飘逸柔顺"；潘婷品牌则强调"营养头发，更健康更亮泽"；沙宣品牌致力于专业美发；伊卡露品牌则注重草本精华。于是，宝洁品牌构筑了一条完整的美发、护发、染发的产品线，最大限度地瓜分了市场。正是由于宝洁品牌的差异性市场策略，消费者的满意度提高，重复购买数量巨大，因此宝洁品牌的市场占有率、销量在洗发水市场独占鳌头。

（资料来源：杨柏欢，丁阳，李亚子．市场营销理论与应用．南京大学出版社）

---

3. 集中性市场策略

集中性市场策略是指企业集中力量进入一个或少数几个细分市场，开发一种专业性产品，满足特定消费者的需要。例如，某汽车公司根据老年人手脚不灵活的特点专门为老年人生产了小水滴型的动力代步车。

目标市场的选择策略如表 4-2 所示。

表 4-2 目标市场的选择策略

种 类	对市场的营销手段
无差异性市场策略	市场营销组合手段→整体市场
差异性市场策略	市场营销组合手段Ⅰ→细分市场Ⅰ 市场营销组合手段Ⅱ→细分市场Ⅱ 市场营销组合手段Ⅲ→细分市场Ⅲ
集中性市场策略	市场营销组合手段 ⟨ 细分市场Ⅰ / 细分市场Ⅱ / 细分市场Ⅲ

集中性市场策略：例如，东阿阿胶公司专注于补血用药市场，正大天晴药业公司专注于肝药市场，贵州益佰公司专注于止咳用药市场，修正药业公司专注于胃药市场，九鑫集团公司专注于除螨产品市场，傅山药业公司专注于心脑血管及肝病用药市场等。

任务三　进行市场定位

4.3.1　市场定位的含义

市场定位是 20 世纪 70 年代由美国学者阿尔赖斯提出的一个重要的营销学概念。企业通过市场细分确定目标市场后，就要考虑进行有效的市场定位。所谓市场定位，是指企业根据市场特性和自身特点，把本企业的产品塑造成强有力的与众不同的形象，并将其传递给目标消费者，最终在市场竞争中获得优势的过程。

市场定位就是塑造一种产品在细分市场的位置。它的实质是使本企业与其他企业严格区分开来，从而在消费者心目中占有特殊的位置。企业在市场定位过程中，一方面要了解竞争者的产品市场地位，另一方面要研究目标消费者对该产品各种属性的重视程度，然后选定本企业产品的特色和独特形象，从而完成产品的市场定位。

案例 4　红富士苹果集中上市"丑苹果"成今年爆款

2014 年，新采摘的红富士苹果集中上市了。受气候影响，最近红富士苹果的产量下降，价格也上升了。昨天，钱江晚报记者走访了宁波市区最大的宁蔬果品批发市场，发现目前市场中每天苹果的交易量为 200 吨左右，红富士苹果是主力，批发均价为每斤 6 元至 7 元，较去年每斤上涨了 1 元以上。

宁波市民最爱的是来自山东的红富士苹果。专程来市场批发的市民黄女士说："这种苹果是粉色的，且吃起来脆脆甜甜、水分大。"她一次会批发一箱红富士苹果。一旁的摊主介绍，每天她的摊位能卖掉 300 到 400 箱红富士苹果。

而今年的"爆款"，是一款叫"丑苹果"的红富士苹果。阿亮是市场中"丑苹果"的主要销售商之一。他说："这款苹果之前叫云南昭通野生苹果，个头不大，部分外皮上有星星点点的小'麻纹'，枣红色。"

"这种苹果虽然丑，但酸甜多汁，因为是不打农药的，完全原生态生长，不打蜡、抛光，因此它的外形就有点丑了。"阿亮说。这种苹果今年每天销量在 40 多箱，批发价在每斤 4.5 元至 6 元，相比去年同期价格翻倍了，年轻人尤其是喜欢尝鲜的年轻女孩买得比较多。

（资料来源：段球蕾. 钱江晚报《红富士苹果集中上市"丑苹果"成今年爆款》，2014-11-04）

4.3.2　市场定位的方法

随着市场经济的发展，产品间的差异性越来越小，市场定位的实质就是用某些方法创造出产品的差异性。企业可以通过以下市场定位方法来获得差异化优势。

1. 属性定位

属性定位是指企业根据产品有关的特性来定位，包括原料、技术、配方、设备、产品的功能及产地、历史等因素。例如，天津的狗不理包子、西湖醋鱼是按产品的产地因素来定位的，不锈钢餐具与塑料餐具是按产品的技术因素来定位的。

2. 利益定位

利益定位是指企业的产品除了能给消费者带来产品本身的利益外，还能带来附加价值。利益定位强调的是使用者的利益而不是具体的产品特征。例如，某企业向消费者做出购买本企业产品可享受"终身保修"的承诺，"宝马"汽车除了是消费者的代步工具外，还能让消费者享受驾驶的舒适与乐趣。

3. 质量-价格定位

质量-价格定位是指结合产品的质量好坏和价格高低进行定位的方法。一是强调质价相符，如"一分钱一分货"；二是强调质高价低，提高市场占有率，如很多方便面厂商提出的"加质加量不加价"等。

4. 使用者定位

使用者定位是指企业根据产品的不同使用者来定位，按照这些使用者的看法塑造恰当的形象，如针对人们的不同饮食习惯生产了不同口味的薯片。

5. 比附定位

比附定位是以竞争者的品牌为参照物，借其品牌之光而使自己的品牌生辉。比附定位的对象通常是行业内的领先者，主要做法有以下三种：一是甘居"第二"，如艾维斯汽车租赁公司的广告语"我们只是美国出租车市场上的第二大公司"；二是"攀龙附凤"，如山东的龙口粉丝具有三百多年的悠久历史，在消费者眼里龙口粉丝是优质粉丝的代名词。不在龙口的山东龙大集团却凭借"龙口粉丝龙大造"，将龙口粉丝的知名度转移到了龙大粉丝身上，成就了其行业霸主；三是"高级俱乐部"，如某企业宣称自己是世界500强企业之一。

案例5　宝洁公司洗发水的定位

宝洁公司对其产品的广告采用了这样的定位策略：宝洁公司产品属于中、高档层次，其品牌定位则是时尚型与品牌精神型的有机合一。按照宝洁（中国）公司公共事务部副总监的说法，品牌有三重天：从基本的清洁功能型到中层的时尚型，最高境界是品牌精神行销。从宝洁公司制造概念开始就已明确了它的产品定位，如海飞丝洗发水的去屑，潘婷洗发水的保养，飘柔洗发水的柔顺等。然后通过广告传播不断强化，例如，海飞丝洗发水使用“头屑去无踪，秀发更出众”的广告语彰显个性；潘婷洗发水的个性在于对头发的营养保护，于是就有“……含丰富的维生素原 B5，能由发根渗透至发梢，补充养分……”；而“洗发护发一次完成，令头发飘逸柔顺”的广告，则强调了飘柔洗发水的个性。这就是宝洁公司的产品定位策略，它使得宝洁公司的品牌进入一个较高的境界。

（资料来源：李坚强，蒋良骏，周科．市场营销——过程与实践．南京大学出版社）

4.3.3 市场定位的策略

市场定位作为一种竞争战略，显示了一种产品或一家企业同类似的产品或企业之间的竞争关系。市场定位主要有以下三种策略。

1. 避强定位策略

避强定位策略是指企业避开实力最强或较强的竞争对手，而将自己的产品定位于市场的空白处。例如多家大企业占据了成人营养液市场，娃哈哈集团公司则向儿童营养液市场进军。

2. 对抗性定位策略

对抗性定位策略是指企业根据自己的实力，与在市场上占据支配地位的竞争对手“对着干”的定位方式。这种策略虽然会有危险，但一旦成功就会取得巨大的市场优势，因此在企业中屡见不鲜。例如，麦当劳公司与肯德基公司都是美国快餐行业的巨头，两家企业在产品质量、产品种类及服务等多方面进行竞争来争夺市场。

3. 重新定位策略

重新定位策略是指产品在原有定位的基础上的二次定位，这通常是由市场的变化、消费者需求的变化、竞争的加剧及企业的竞争优势改变等因素导致的。例如，由于现在快节奏生活和白领人士的需求转变，组装计算机已经被笔记本计算机所代替。

4.3.4 市场定位的程序

企业进行市场定位，要解决的是产品形象和市场位置确定的问题，一般要经过以下程序。

第一，了解消费者对该产品特征或属性的重视程度；第二，了解竞争对手的产品所具有的特色；第三，确定这种产品在同类产品中的地位；第四，找出消费者心目中对产品的“理想点”；第五，综合分析后找出本企业产品在市场上的位置，从而完成市场定位。

例如，某服装生产企业 E 要进入中原地区的服装市场。通过调查，了解到消费者对服装最关心的是质量好坏和价格高低，同时又了解到在这一市场上已经有 A、B、C、D 四家企业提供了同类产品，它们所处的市场位置各不相同，市场定位图如图 4-4 所示。

在这种情况下，该服装生产企业的产品应如何定位呢？按质量—价格定位策略和消费者对服装的购买要求，有两种方案可供选择。

方案一，对抗性定位策略，即定位在竞争者 C 的附近，与它争夺消费者，一比高低。

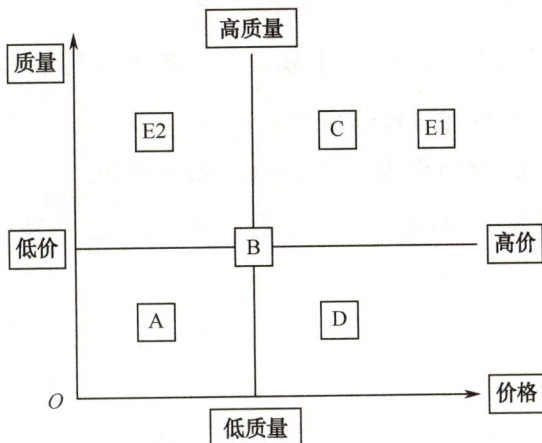

图 4-4 市场定位图

这需要该企业能生产出比竞争者更好的产品；市场容量够大，能吸收两家竞争者生产的产品；该企业资源丰富、实力强大。

方案二，避强定位策略，即定位在图 4-4 中左上角的空当处，目前尚无企业提供这类产品的地方。要求企业生产质量较高、价格较低的服装，这需要该企业有过硬的技术；即使产品质量高、价格低仍能获利；使消费者相信该企业产品只是价格低，产品质量比 C 企业更好。

市场定位和市场目标选择一样，也是一种战略性决策，两者是相辅相成的，必须联系起来考虑。

练习与实训四

一、判断题（正确的打"√"，错误的打"×"）

1. 市场细分的实质是细分产品，而不是细分消费者。 （ ）

2. 市场细分的最终目的是选择和确定目标市场。 （ ）

3. 当竞争者较少或竞争对手较弱时，可采用差异性市场策略。 （ ）

4. 小企业适宜采取差异性目标市场策略。 （ ）

5. 市场定位是确定目标市场的地理位置。 （ ）

6. "奔驰是别人开的，宝马是自己开的"反映了企业采用的是使用者定位。 （ ）

二、选择题

1. （   ）是根据影响消费者需求的某一重要因素对某种产品的整体市场进行细分。

A. 完全细分法　　B. 单一因素细分法　C. 综合因素细分法　D. 系列因素细分法

2. 把消费者市场分成儿童、青年、老年市场时使用的细分标准是（   ）。

A. 地理因素　　　B. 行为因素　　　C. 人口因素　　　D. 心理因素

3. 宝洁公司根据不同收入群体的消费者的需要，生产不同档次的洗发水，并分别采用不同的营销策略。宝洁公司的目标市场策略属于（   ）。

    A. 无差异市场策略　B. 差异性市场策略　C. 密集性市场策略　D. 整体市场策略

    4. 企业选择目标市场的基础与前提是（   ）。

    A. 市场定位　　　　　B. 市场调查　　　　　C. 细分市场　　　　　D. 营销组合

    5. 某制鞋厂只生产布鞋，包括童鞋、男鞋、女鞋、老年鞋。这种目标市场的选择模式是（   ）。

    A. 产品—市场集中化　　　　　　　　B. 市场专业化

    C. 产品专业化　　　　　　　　　　　D. 选择性专业化

    6. "非常可乐，中国人自己的可乐"，该定位方法属于（   ）。

    A. 属性定位　　　　B. 利益定位　　　　C. 使用者定位　　　　D. 比附定位

    7. 美国的七喜汽水定位是"非可乐"，该定位策略属于（   ）。

    A. 避强定位策略　　B. 迎头定位策略　　C. 重新定位策略　　D. 市场渗透策略

三、简答题

1. 企业为什么要对市场进行细分？市场细分的方法有哪些？

2. 市场细分的标准有哪些？

3. 简述目标市场的选择模式。

4. 简述目标市场的选择策略。

5. 简述市场定位的方法。

6. 简述市场定位的策略。

四、案例分析题

在中国，一部分已婚女性面部有黄褐斑，统计资料显示，中国有3亿已婚女性，在家中大多数为"财政部长"，掌握家中的"财政"大权。随着人民群众生活水平的提高，已婚女性越来越重视自己的仪表容貌，而且心理上都害怕衰老。如何能够美容美颜、祛斑以弥补失去的青春呢？深圳太太药业有限公司瞄准了这一市场需求，推出具有养颜祛斑功能的产品——太太口服液。在保健品整体市场中，该公司明确找到自己的目标消费者——"太太"，从而成功占领了市场。

思考题：

1. 深圳太太药业有限公司是如何细分口服液市场的？

2. 深圳太太药业有限公司为什么要确定已婚女性为企业的目标市场？

3. 深圳太太药业有限公司市场定位的方法是什么？

五、课外实践

1. 你认为下列产品适合用哪些因素（只举一两个最主要的标准）来进行市场细分：皮鞋、牙膏、保健品、图书、彩电、冬装。

2. 设定自己是某产品的市场营销经理，针对你所经营的产品，分析研究"谁是你的客户"，找准你的目标市场，实施市场定位策略。

项目五　制定产品策略

知识要点

◎ 掌握产品的概念，了解品牌与包装的策略
◎ 熟知产品生命周期不同阶段的特征及营销策略
◎ 理解新产品的类型及开发新产品的方式与方向
◎ 了解产品组合的变化因素及优化调整

能力要点

◎ 能够综合地运用产品、品牌、包装及产品组合策略对市场
上的特定产品做出评价，并初步设计新产品
◎ 具有联系企业实际，确定企业产品的生命周期阶段并制定
不同阶段的产品策划能力

引例5——星巴克：不只是咖啡

1971年星巴克在西雅图成立了第一家店，在当时还只是一家经营咖啡豆的小店。如今，这家小店已经发展成遍布全球77个国家和地区、拥有超过28 000家门店的咖啡帝国，是世界闻名的咖啡零售商、烘焙者和一流品牌所有者。

"星巴克"这个名字源自美国著名作家梅尔维尔的小说《白鲸记》中一位冷静而迷人、爱喝咖啡的大副，令人联想到咖啡商人在世界各地旅行以寻找优质咖啡豆的场景。梅尔维尔的读者主要是受过良好教育的社会上层人士，从中也可以看出星巴克的目标消费群体是注重休闲和享受、崇尚知识、具有小资情调的城市白领。星巴克的标志是一只双尾美人鱼的绿色徽标，其灵感源于一个16世纪的海神像木雕，如今这只绿色美人鱼早已成为美国文化的象征之一。星巴克采用独立纸套作为隔热材料，上面的标志印刷细致，除此之外还包含时尚潮流、公益环保、水墨画、节日、DIY等元素。星巴克的包装设计体现了其重视体验的价值理念，也体现了其对美的独特见解。星巴克还制作了许多衍生品，如带有星巴克标志的马克杯、帆布袋等，以至于不少人为了收藏杯子而顺便喝杯咖啡。

星巴克全世界的门店都由设计师专门设计，关注店内的每一个细节，在保留了星巴克独有特色的前提下，还要求与当地的文化相适应而具有个性。进入店内，咖啡的香气扑鼻而来，映入眼帘的是偏暖色柔和的灯光和一些艺术作品，耳畔是清雅柔和的钢琴独奏、爵士乐或其他类音乐混合着制作咖啡时的嘶嘶声和磨咖啡豆时的沙沙声，处于都市压力中的人们的紧张情绪得以纾解。顾客在星巴克享受的不仅是可口的咖啡，更是一种富有小资情调的生活方式。2002年，星巴克开始在门店内免费提供Wi-Fi服务，携带笔记本电脑的人可以在星巴克一边惬意地享受咖啡一边工作。2003年，星巴克与其全资子公司Hear Music唱片公司共同推出新型咖啡厅"赏乐咖啡馆"，顾客可以在店内购买旧光盘，或者挑选自己喜欢的歌曲定制个性化光盘。2006年，星巴克开始和苹果公司合作，使人们可以在iTunes上购买他们在星巴克听到的歌曲。2015年，星巴克推出天猫官方旗舰店。2016年，星巴克与腾讯达成战略合作，在微信上推出创新的社交礼品"用星说"……星巴克还为会员提供特别服务，不仅发送精心制作的电子期刊，还组织会员参与读书俱乐部、体育比赛、文化展览等店外活动，从而将星巴克独特的体验延伸到店铺之外。星巴克致力于为顾客提供独一无二的星巴克体验，强调产品、服务的创新与个性化，强调不断给顾客带来愉悦和惊喜，努力使自己成为独立于生活场所和工作场所的轻松舒适的"第三空间"，并通过星巴克数字平台、星巴克移动App、天猫旗舰店等实现与线上"第四空间"体验的紧密对接。

"星巴克与您，不止于咖啡。"通过品牌营销，星巴克成为城市白领独处或聚会、休闲或工作的绝佳场所。

（资料来源：苗月新. 市场营销学. 清华大学出版社）

任务一　理解整体产品的构成

➤ 5.1.1　产品的整体概念

产品是市场营销组合中最重要也是最基本的因素，它直接或间接地影响到其他营销组合的因素。产品策略是整个营销组合策略的基石。

1. 产品的基本概念

一般来说，对产品的理解存在狭义和广义之分。

狭义的产品仅指具有物质功效的使用价值和交换价值的物质产品。这个概念仅强调了产品的物质属性，属于产品的传统观念。在科学技术高速发展的今天，狭义的产品概念已不能适应社会的需要了。

现代营销学认为，产品是指能够提供给市场被人们使用和消费，并能够满足人们某种需要的有形物质或无形物质的有机体，包括产品的功能、利益、状态、服务、人员、组织、观念等要素及它们的整合，这又称产品的整体概念。

> 一个消费者的自白
>
> 不要给我衣服，我要的是迷人的外表；
>
> 不要给我 MP3，我要的是随时随地享受美妙的音乐；
>
> 不要给我房子，我要的是温馨的家；
>
> 请不要给我东西！

2. 现代产品的整体概念

现代产品的整体概念如图5-1所示，它由3个层次构成，即产品核心、产品形式、产品延伸。

（1）产品核心。

产品核心是指消费者追求的最基本的内容，也是他们所真正要购买的东西。它向购买者提供基本效用或利益，如产品的用途、功能、效用等。产品核心是产品整体概念中最基本的层次。例如，在旅馆，夜宿的旅客真正要购买的是"休息和睡眠"；消费者购买洗衣机，并不是为了拥有这种机器本身，而是为了获得清洗、洁净衣物和安全的效用。

图5-1　现代产品的整体概念

（2）产品形式。

产品形式向人们展示的是产品核心的外部特征，即呈现在市场上的产品的具体形态，主要包括品牌商标、包装、款式颜色、特色和质量等。例如，一个旅馆的房间应包括床、浴室、毛巾、桌子、衣橱、厕所等；人们购买洗衣机时，并不是能洗净衣服的就随便买一个，还要考虑品牌、造型、颜色、质量等。消费者主要是通过产品形式来做出购买决策的，因此市场营销人员应努力寻求更加完善的外在形式来满足消费者的需要。

（3）产品延伸。

产品延伸又称附加产品、扩大产品，是指消费者在取得产品或使用产品过程中所获得的除产品基本效用和功能之外的一切服务与利益的总和，主要包括运送、安装、维修等。例如，洗衣机销售给消费者后，送货上门就是附加产品。随着现代社会科学技术的飞速发展，不同企业提供的同类产品在产品核心、产品形式上越来越接近，因此，附加产品所提供的附加价值的大小在市场营销中的重要性就越来越突出了。

案例1　电冰箱的产品层次

一台电冰箱当然首先是要能冷冻和保鲜食品，否则它就成了一个没有多少实际用途的柜子；然后这种冷冻和保鲜的能力和效率必须达到一定的水准，即电冰箱的制冷能力和效率必须满足消费者需求。设想一下，若电冰箱每天耗电 $10kW \cdot h$，而容量仅有 $100L$，你会购买吗？当然，电冰箱也不能经常出故障。除此之外，电冰箱还应该有漂亮的外观和颜色，使人赏心悦目，并拥有一个响亮、气派的品牌。更重要的是，要使该电冰箱和竞争对手的有所区别，必须要具备一定的特色。最后，电冰箱的售后服务、质量保证、维修政策、价格优惠也都会影响消费者的购买决策。

需要强调的是，电冰箱是通过冷冻（冷藏）来保存食物的，但这并非是保存食物唯一的办法。真空、腌制等都是保存食物可能的途径。随着技术的发展，还会有更多的新手段保存食物，这才是对电冰箱业最大的威胁。

（资料来源：钱旭潮. 市场营销管理：需求的创造、传播和实现. 机械工业出版社）

产品的3个层次非常清晰地体现了以消费者为中心的现代营销观念。这一概念的内涵与外延都是以消费者需求为标准的，由消费者的需求决定的。可以说，现代产品整体概念是建立在"需求＝产品"这样一个等式基础之上的。没有现代产品整体概念，就不可能真正贯彻现代营销观念。

？ 某饮食店要推出一款新产品——素饼，你能否说出它的3个层次分别是什么吗？

➡ 5.1.2　品牌

1. 品牌

品牌就是产品的名称，是用于识别某个销售者或某群销售者的产品或服务，并使之与竞争对手的产品或服务区别开来的商业名称及标志。品牌通常由文字、标记、符号、图案和颜色等要素或这些要素的组合构成。品牌包括品牌名称与品牌标志。

品牌名称：是指品牌中能够用语言表达的部分，如麦当劳、天津狗不理包子、李宁等。

品牌标志：是指品牌中可以被认出，易于记忆但不能用言语称呼的部分，如麦当劳的黄色大拱门"M"和奥迪车的"4个圈"。

在产品种类如此繁多的当今市场上，若没有品牌，就像一个班级的所有学生没有姓名和编号一样，是不可思议的。不仅生产者无法吸引消费者购买自己的产品，消费者也无法根据自己的偏好在市场上进行产品的选购。因此"指名购买"已经成了当今市场上购买大多数产品的必要形式,品牌也就确定了其不可或缺的重要地位。

案例2 德芙巧克力——纵享丝滑

德芙巧克力标志设计由DOVE字母变形而成,简单的几个字母"DOVE",展开来就是"DO YOU LOVE ME——你爱我吗",字体是巧克力色,就如香甜的巧克力酱淋成一般,散发出香甜的气味。德芙巧克力标志设计重点在于它的寓意,以及它那众所周知的凄美爱情故事。20世纪初在卢森堡,芭莎和莱昂因王室特权斗争而彼此错过。莱昂为了纪念这段爱情,经过苦心研制,终于制成了香醇独特的德芙巧克力,且每一块德芙巧克力上都被牢牢刻上"DOVE"。如今,德芙巧克力已经有了数十种口味。每一种爱情都能在德芙巧克力王国中被诠释和寄托。

小贴士 **2017全球最具价值品牌十强排行榜**

排 名	品 牌	品牌价值/百万美元
1	谷歌（Google）	109 470
2	苹果（Apple）	107 141
3	亚马逊（Amazon）	106 396
4	美国电话电报公司（AT&T）	87 016
5	微软（Microsoft）	76 265
6	三星（Samsung）	66 219
7	威瑞森（Verizon）	65 875
8	沃尔玛（Walmart）	62 211
9	脸书（Facebook）	61 988
10	中国工商银行（ICBC）	47 832

2. 品牌的内涵

品牌从本质上讲就是由厂商展示给购买者关于产品特征、利益和服务的一贯性承诺,最佳的品牌就是产品质量的保证。一个品牌可以从以下6个方面透视。

（1）属性。属性是品牌的基本含义,它代表产品或企业的品质内涵。例如,"奔驰"代表着工艺精湛、制造优良、昂贵、耐用,多年来"奔驰"的广告一直强调"全世界无可比拟的工艺精良的汽车"。

（2）利益。品牌体现着能够给消费者带来的某种利益和满足,这种利益和满足往往源于属性的演变。就"奔驰"而言,"工艺精湛,制造优良"可转变为"安全"的利益,"昂贵"可转变为"令人羡慕、受人尊重"的利益。

（3）价值。品牌体现了生产者的某些价值观，例如，"摩托罗拉"代表随时随地的通信方便和自由感。

（4）文化。品牌是某种文化的载体，例如，"奔驰"蕴含着"有组织、高效率、高品质"的德国文化，"海尔"家电蕴含着中国儒家文化真诚到永远的价值观。

（5）个性。不同的品牌会使人们产生不同的联想，这是由品牌的个性决定的。例如，"奔驰"让人想到一位严谨的老板，"农夫山泉"让人想到中国的地大物博、山清水秀。

（6）用户。品牌可暗示购买者或使用该品牌的消费者的类型，如"奔驰"瞄准的是事业成功人士。

小贴士　　2017 年中国最具价值品牌十强排行榜

排　　名	品　　牌	品牌价值/亿元人民币
1	腾讯	2 152.47
2	阿里巴巴集团	1 707.66
3	中国建设银行	1 359.97
4	中国移动	1 238.46
5	中国工商银行	1 231.14
6	中国平安	965.23
7	中国银行	911.32
8	中国人寿	755.45
9	中国农业银行	673.71
10	招商银行	463.13

3. 商标

（1）商标的含义。

商标是经过政府部门注册登记的品牌或品牌中的一部分。品牌经注册成为商标后，将获得注册的品牌名称和品牌标志，并享有独占权和专用权，受法律保护。

注册标记应当标注在商标的右上角或右下角，其中 R 是英文 REGISTER（注册）的缩写，有的商标右上角加注 TM（TRADEMARK 的缩写）。注册标记如图 5-2 所示。

当前，国际上对于商标权的认定有两个通行的原则：一是使用在先，即品牌的专用权归属于该品牌的首先使用者；二是注册在先，即品牌的专用权归属于最先申请注册并获准的企业。我国奉行的是注册制度，即法律只保护注册品牌，未经注册的品牌不受法律的保护，不享有法律赋予的商标专用权。

图 5-2　注册标记

（2）品牌与商标的关系。

在现实经营活动中，品牌与商标既有联系又有区别。两者的实质作用相同，目的都是区别于竞争者而帮助消费者识别。品牌是一种泛指，所有的商标都是品牌，但品牌不一定是商标，品牌是一个商业名称，而商标是一个法律名词，必须经过正式登记注册。

案例 3　小米公司已将五谷杂粮都注册成了商标

小米公司在商标防盗方面下足了功夫。资料显示，以"小米科技有限责任公司"名义注册的商标共有 6 276 件。小米公司甚至将大米、黑米、绿米、大麦、粟米、虾米、米粉、米饭等都注册成了商标。除了这些"五谷杂粮"类，小米公司还注册了网站服务类、通信服务类、广告销售类及科学仪器类等类别的商标。

4. 品牌的设计原则

成功的品牌首先得益于成功的品牌设计，一般应遵循以下几个原则。

（1）简洁醒目、易读易懂、清晰可辨。

来自心理学家的一项调查显示，人们在接受外界信息时，83%是通过眼睛的。品牌名称要易于拼读，一般不超过五个字，如"可口可乐"就能使人联想到可可颜色的能解渴的饮料，SONY 肯定比 Panasonic 更容易被记忆，"美加净""佳洁士"，其品牌易记、易理解。

（2）新颖独特、构思巧妙，造型精美别致。

品牌设计应力求构思新颖、造型美观，要有自己鲜明的特点，与竞争品牌有明显的区别。Benz（本茨）先生作为汽车发明人，以其名字命名的奔驰车，100 多年来赢得了消费者的信任。构思巧妙的汽车方向盘似的特殊标志，已经成了豪华、优质、高档汽车的象征；永久"自行车的"永久"两字变形为一辆自行车的图案。

（3）富有内涵，能表示企业或产品的特色，不落俗套。

理想的品牌是独一无二的，能很好地反映企业精神和产品性质、特色和风格。例如，"红豆"是一种象征美好感情的植物，江苏红豆集团公司的服装品牌和企业名称正是借助这一富有中国传统文化内涵、情谊浓重的品牌"红"起来的；"万里"牌球鞋、"火焰山"毛毯都是由产品的特色而命名的。

（4）符合传统文化与跨越地理限制。

由于世界各国、各地区消费者，其历史文化、风俗习惯、价值观念等存在一定差异，因此他们对同一品牌的看法也会有所不同。例如，蝙蝠在我国，因蝠与福同音，被认为有美好的联想，因此在我国有"蝙蝠"牌电扇；而在英语里，蝙蝠的英文 Bat 却是吸血鬼的意思。

长虹公司以其汉语拼音"CHANGHONG"作为附属商标，但"CHANGHONG"在外国人眼里却没有任何意义；而海信公司则具备了全球战略眼光，注册了"HiSense"的英文商标，它来自 high sense，是"高灵敏、高清晰"的意思，这非常符合其产品特征。

（5）符合法律法规。

品牌只有符合法律法规的要求，才能向有关部门申请注册，取得商标注册权，受到法律的保护，这是品牌命名的首要前提。

小贴士　　　　　　　　　　　　**品牌设计禁忌**

1. 不能使用本行业通用的名称和标志。
2. 不能使用直接暗示产品质量、主要原料、功能、用途等特点的文字和图形。
3. 不能使用县以上行政区划的地名。
4. 不能使用特殊的文字和图形。
（1）同中华人民共和国的国家名称、国旗、国徽、军旗、勋章相同或近似的。
（2）同外国的国家名称、国旗、国徽、军旗、勋章相同或近似的。
（3）同"十字会""红新月"的标志、名称相同或近似的。
（4）带有名族歧视的。
5. 有损于社会主义道德风尚的，如"小蜜拌大款"冰激凌。

（资料来源：李红梅．市场营销实务．电子工业出版社）

---

5. 品牌策略

品牌策略是产品策略的一个重要组成部分。一般来讲，品牌策略包括以下几种类型。

（1）有无品牌策略。

即决定是否一定要给产品设计确定一个品牌，并不是所有的产品都必须使用品牌。在一般情况下，有品牌的产品更容易得到消费者的信任。因此，随着市场经济的发展，经营一些原来不使用品牌的产品，如水果、蔬菜、肉类、食糖等，企业为了保证其竞争地位，也逐渐使用品牌。而有时对一些有固定规格标准的矿石等原材料、煤等燃料或一次性销售的产品，也可以不使用品牌。

（2）品牌使用者策略。

对于大多数产品来说，企业都要使用品牌，使用谁的品牌，就是品牌使用者策略。企业有以下三种可供选择的策略。

① 制造商品牌，即企业决定使用自己的品牌，大多数制造商都创立了自己的品牌，

如 TCL 集团公司的所有产品都是同一个品牌名称。

② 中间商品牌，又称私人品牌，即企业将产品售给中间商，由中间商使用他们自己的品牌将产品转卖出去。例如，我国的一些服装厂接受美国最大零售商西尔斯百货公司的订货，用该公司的品牌在美国销售。

③ 混合使用品牌，即企业对部分产品使用自己的品牌，而另一部分产品使用中间商品牌。

（3）品牌名称策略。

产品走向市场必须有一个名字，企业如何为产品命名，大致有以下四种决策模式。

① 个别品牌策略，即企业决定每个产品使用不同的品牌，如宝洁集团的洗发水根据功效不同有"飘柔""潘婷""沙宣""伊卡璐"等不同的品牌。采用个别品牌策略为每种产品寻求不同的市场定位，有利于增加销售额和对抗竞争对手，还可以分散风险，使企业的整个声誉不致因某种产品表现不佳而受到影响。但其缺点是要为每个品牌分别做广告宣传，费用开支较大。

② 统一品牌策略，即所有的产品都使用同一种品牌。如春兰、长虹、飞利浦等公司的产品都使用同一品牌。对于那些享有高声誉的著名企业，全部产品采用同一品牌名称策略，可以充分利用其名牌效应，使企业所有产品畅销。同时，企业宣传介绍新产品的费用开支相对较低，有利于新产品进入市场。但是，任何一种产品的失败会使整个企业的产品遭受损失。

③ 分类品牌策略，即在企业对所有的产品进行分类的基础上，不同类别的产品使用不同的品牌。例如，法国欧莱雅集团公司拥有不同价位的化妆品，"兰蔻"走高端路线，"美宝莲""欧莱雅"则走大众路线。分类品牌策略的优势是避免了产品线过宽和"一品一牌"策略造成的品牌过多的问题，其缺点是营销及传播费用无法整合。

案例4　格力公司品牌——格力、大松和晶弘

格力公司旗下现有三个品牌——格力、大松和晶弘。格力公司的产品在品牌上是这样布局的：空调使用格力品牌，小家电使用大松品牌，冰箱使用晶弘品牌。格力公司这样做的初衷是为降低多元化发展中的经营风险，即万一小家电和冰箱业务做不好，也不会连累到自己的命根——空调业务。因此，格力公司高层为保险起见，用不同的品牌来经营各个不同板块产品。

（资料来源：李坚强，蒋良骏，周科.市场营销——过程与实践.南京大学出版社）

④ 主副品牌策略，即通常可以以产品名称作为主品牌，同时给各产品打一个副品牌，以副品牌来突出产品的个性形象。例如，"海尔——小神童"洗衣机，副品牌"小神童"传神地表达了"体积小、计算机控制、全自动、智能型"等产品特点和优势，但消费者对它的认可主要是基于对"海尔"品牌的信赖。

（4）品牌延伸策略。

品牌延伸策略是指企业利用已经成功的品牌推出改良产品或新产品。"耐克"品牌最初从运动鞋起步，后来逐步扩大到运动服和运动产品；百事可乐公司在饮料市场获得成功后，又向市场推出了同一品牌的运动鞋、运动衣、牛仔裤等。企业采用这种战略，可节省宣传和介绍新产品的费用，使新产品迅速被市场认同和接受，有助于减少新产品的市场风险。但是，如果延伸不当或新产品失败，则会淡化品牌特征，损坏原有的品牌形象。

> **案例5　美国的"派克"钢笔向下延伸策略**
>
> 早年，美国的"派克"钢笔质优价贵，是身份和体面的标志。许多上层人物都喜欢带一支"派克"笔。然而，1982年派克公司新总经理上任后，把"派克"品牌用于每支售价仅为3美元的低档笔上。结果，派克公司非但没有打入低档笔市场，反而丧失了一部分高档笔市场，市场占有率大幅度下降，销售额也只有竞争对手克罗斯公司的一半。盲目向下延伸品牌，毁坏了"派克"笔在消费者心目中的高贵形象，而竞争对手则利用这一机会进入了高档笔市场。
>
> （资料来源：杨柏欢，丁阳，李亚子．市场营销理论与应用．南京大学出版社）

（5）品牌重新定位。

任何一个品牌不论最初在市场上的定位如何恰到好处，经过或长或短的市场经历，企业都不得不考虑重新定位问题。导致这种状况的原因有可能是因为仿制者的出现，使本企业市场占有率下降，还有可能是由于消费需求的变化等其他因素引起的。

5.1.3　包装

1. 包装的概念

包装是指为产品提供生产容器或包裹物及其设计装潢的一系列活动。大多数有形产品在从生产领域转移到消费领域的过程中，都要有适当的包装。因此，包装是整个产品构成的重要组成部分。在现代经济生活中，产品的包装日趋重要，包装对产品的促销具有十分重要的意义。

> **小贴士**
>
> 美国杜邦公司的一项调查表明，63%的消费者是根据产品的包装来选择产品的。另据英国市场调查公司报道，一般上超级市场购物的妇女，由于受精美包装的吸引，所购物品通常超过进门时打算购买物品数量的45%。
>
> （资料来源：佘伯明．市场营销实务．北京财经大学出版社）

产品包装一般包括以下内容。

（1）首要包装。首要包装是产品的直接容器或包装物，它保证产品的正常存在及其功能的正常发挥，例如，牙膏的软管能够保证牙膏的存放，使人们能够方便使用。

（2）次要包装。次要包装是保护首要包装的包装物，例如，装牙膏软管的纸盒能够保护牙膏软管完好无损，不会因为受到挤压而损坏不能用。

（3）运输包装。运输包装是为了便于储存、识别和运输产品所需要的装运包装，例如，装运牙膏的大纸箱能装运一定数量的牙膏，方便运输。

（4）标签。标签是打印或贴在包装上，随包装一起出现的说明产品的信息。在一般情况下，标签上包括包装内容和产品所包含的主要成分、品牌标志、产品质量等级、生产厂家、生产日期和有效期、使用方法等内容，有些标签为了促销还印有相关的彩色图案或实物照片。

2. 包装的作用

（1）保护产品。保护产品是包装最重要的功能，在产品销售时，产品可能会遭到损坏、污染和变质等情况，会使产品失去使用价值，而有了完善的包装，就能保护产品的使用价值。

（2）促进产品销售。产品经过包装后首先进入消费者视线的往往不是产品而是产品的包装。设计良好的包装可以美化、宣传、介绍产品，吸引更多的消费者购买。可以说包装是"无声的推销员"。

（3）增加产品价值。良好的包装不仅可以促进销售，还可以提升产品的档次，提供产品附加价值，满足消费者的某种心理需求，消费者愿意按较高的价格购买包装精美的产品，同时商家也能增加利润。

（4）方便消费。产品以其独特的包装与竞争者的包装区别开来，从而便于经营者陈列、清点和售卖，也便于消费者选购和使用。

（5）便于流通。产品的物质形态有气态、液态、固态和胶态等，要尽量采用适当的包装为搬运提供方便。

3. 包装的设计原则

企业在进行包装时，应注意以下原则。

（1）包装应与产品的价值或质量相统一。

避免出现"一等产品、二等包装"或"二等产品、一等包装"所带来的不利于产品销售的情况。包装应能显示产品的特点或独特的风格。通过调查分析，有人认为包装成本应该控制在产品本身价值的 13%～15%。

（2）包装美观大方，独具特色。

包装在设计时要充分考虑到消费者的审美习惯，一个精美而有自己特色包装的产品，能吸引消费者的注意并使其愿意购买。

（3）包装要小巧，方便消费者选购、携带和使用。

通常在保证安全的前提下，包装应尽可能小巧、适当；尽可能提供不同的规格和分量，以便消费者选购。

（4）符合法律法规，尊重消费者的宗教信仰、风俗习惯。

在包装设计中，一定要注意不得违背国家的有关法律法规。包装的颜色、图案和文字不能有损于消费者的宗教情感和本地的风俗习惯。可以用不同的包装满足不同目标市场的需要。

（5）包装材料要环保。

包装设计时应尽量选择易于分解的材料作为包装物的载体，消费者的绿色环保意识正在不断加强，社会上已经开始形成抵制破坏环境和生态平衡的自觉行为。

案例6　榨菜的"旅行"

四川人在销售其拳头产品——榨菜时，开始时是用大坛子、大篓子将商品卖给上海人，精明的上海人把榨菜装进小坛子后出口到日本，在销路不好的情况下，日本商人又将从上海进口的榨菜原封不动地卖给了香港商人，而爱动脑筋、富于创新的香港商人，以块、片、丝的形式把榨菜分装成真空小包装后，再返销日本。从榨菜的"旅行"中不难看出各方商人都赚了钱，但是靠包装赚"大钱"的却是香港商人。

（资料来源：杨柏欢，丁阳，李亚子. 市场营销理论与应用. 南京大学出版社）

4. 包装的策略

好的产品取决于好的包装，制造商在包装设计上采取了各种各样的措施，形成了不同的包装策略，主要有以下几种。

（1）相似包装策略。

企业生产的各种产品，在包装上均采用相似的图案、色彩或其他特征，消费者一看包装便知是同一家企业的产品。例如，"徐福记"品牌的同一种糕点，有不同的口味，其包装颜色就不一样，紫色的是葡萄味，黄色的是凤梨味等，但包装的设计风格却是一样的。

（2）差异包装策略。

企业生产的各种产品都有自己独特的包装，使企业的产品丰富多彩。例如，宝洁公司旗下的洗发水有"潘婷""海飞丝""沙宣"等品牌，它们都有自己独特的包装。这种策略能避免因个别产品销售失败而对其他产品产生影响。

（3）组合包装策略。

组合包装策略又称多品种包装或配套包装，即按照消费习惯，将几种有关联性的产品集中装于一个包装物中。例如，开学前超市的学习用品区的开学献礼包装中，有铅笔、尺子、橡皮、文具袋等。

（4）等级包装策略。

企业对不同档次和不同质量的产品，采用不同的包装。此策略可使消费者根据包装选择产品。例如，巧克力，可采用铁盒装、袋装、散装等多种形式，以便适应不同的消费者购买。

（5）再使用包装策略。

再使用包装策略又称双重用途包装策略，即在原包装内的产品使用完后，还可以将包装物做其他用途。这种策略使消费者有新奇感，可以更好地刺激、吸引消费者的购买。例如，酒喝完后，其瓶可当作花瓶。

（6）附赠品包装策略。

附赠品包装策略是目前国内、外市场上较流行的一种包装策略，即在包装上或包装内附有赠品以吸引消费者购买或重复购买。例如，买一瓶大桶装的酸奶附赠一个精美的玻璃杯。

（7）更新包装策略。

更新包装策略即改变原来的包装。当企业的产品销路不畅或长期使用同一种包装时，就应注意改进包装设计。

案例7 一个价值 600 万美元的玻璃瓶

说起可口可乐的玻璃瓶包装，至今仍为人们所称道。1898 年，鲁特玻璃公司一位年轻的工人亚历山大·山姆森在同女友约会时，发现女友穿着一套筒型连衣裙显得臀部突出、腰部和腿部纤细，非常好看。当约会结束后，他突发灵感，根据女友穿着这套裙子的形象设计了一个玻璃瓶。

经过反复修改，亚历山大·山姆森不仅将这个玻璃瓶设计得非常美观，很像一位亭亭玉立的少女，还把玻璃瓶的容量设计成刚好一杯水大小。玻璃瓶试制出来之后，获得众人交口称赞。有经营意识的亚历山大·山姆森立即到专利局为该玻璃瓶申请了专利。

当时，可口可乐的决策者坎德勒在市场上看到了亚历山大·山姆森设计的玻璃瓶后，认为非常适合作为可口可乐的包装。于是，他主动向亚历山大·山姆森提出购买这个玻璃瓶的专利。经过一番讨价还价，最后，可口可乐公司以 600 万美元的天价买下此专利。要知道在 100 多年前，600 万美元可是一项巨大的投资。然而，实践证明，可口可乐公司这一决策是非常成功的。

亚历山大·山姆森设计的玻璃瓶不仅美观，而且使用非常安全，易握不易滑落。更令人叫绝的是，该玻璃瓶的中下部是扭纹型的，如同少女所穿的条纹裙子；而该玻璃瓶的中段则"圆满丰硕"，如同少女的臀部。此外，由于该玻璃瓶的结构是中大下小，所以当它盛装可口可乐时，给人的感觉是分量很多的。采用亚历山大·山姆森设计的玻璃瓶作为可口可乐的包装以后，可口可乐销量飞速增长，并在两年的时间里，可口可乐销量翻了一番。从此，采用亚历山大·山姆森设计的玻璃瓶作为包装的可口可乐开始畅销美国，并迅速风靡世界。600 万美元的投入为可口可乐公司带来了数以亿计美元的回报。

（资料来源：杨柏欢，丁阳，李亚子．市场营销理论与应用．南京大学出版社）

任务二 认知产品生命周期策略

5.2.1 产品生命周期的概念

产品生命周期理论是美国哈佛大学教授费农在 1966 年首次提出的。它是市场营销学中一个十分重要的概念，简称 PLC，是产品的市场寿命。产品生命周期是指一种产品从进入市场开始，到被淘汰退出市场的时间间隔。

产品生命周期指的是产品的市场寿命，而不是产品的使用寿命，应加以区分。产品的市场寿命包括投入期、成长期、成熟期和衰退期 4 个阶段。产品的使用寿命是指产品从开始使用到报废为止所持续的时间，即产品的耐用程度。有的产品市场寿命长，使用寿命短，如食品、香皂等；而有的产品却恰恰相反，如时装等。

5.2.2 产品生命周期各阶段的特点

产品在生命周期的不同阶段表现出不同的特征，如果以产品在市场上的销售收入及利润的变化来反映产品的生命周期的过程，可以得到"S"形的产品生命周期曲线，如图 5-4 所示。

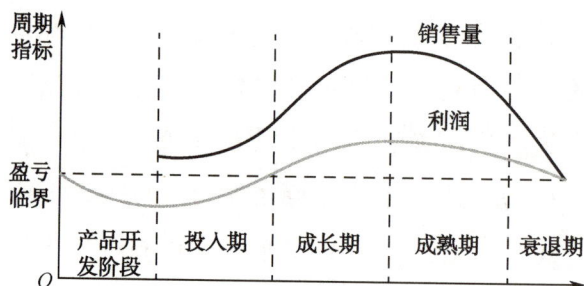

图 5-4 "S"形产品的生命周期曲线

1. 投入期

投入期即新产品投入市场的初级阶段。这个阶段的特点主要表现在产品的销量低、成本高、利润少、竞争者也少。这是因为新产品刚刚投入市场，消费者对产品还不了解，生产者为了扩大销路，投入大量促销费用，进行宣传推广，企业在此阶段通常利润极低或不能获利。

2. 成长期

如果新产品可以成功度过投入期，便进入了成长期。这个阶段的特点主要表现在产品销量极剧增加、成本下降、利润提高、竞争白热化。这是因为消费者逐渐接受该产品，需求量和销售额迅速上升，相对的生产成本下降，利润增长。与此同时，竞争者看到有利可图，纷纷进入市场。

3. 成熟期

进入这一阶段，产品已经是标准化生产。这个阶段的特点主要表现在产品销量稳定、利润最高、竞争加剧、非价格竞争。这是因为随着购买产品的人数增多，市场需求趋于饱和，但是很多企业加入该行业，以至于竞争加剧，从而使用非价格手段进行竞争。

4. 衰退期

经过成熟期，产品很快就进入衰退期。这个阶段的特点主要表现在产品销量急剧下降、成本增加、微利或亏损、竞争对手和消费者开始转移。这是因为产品已经不能适应市场需求，市场上有其他性能更好、价格更低的新产品，足以满足消费者需求。因此，该产品的竞争对手转移做其他行业，消费者的注意力也转移到其他更符合他们的产品上。

5.2.3 产品生命周期各阶段的营销策略

1. 投入期

产品在投入期的营销策略应该以帮助企业迅速度过这一阶段为目的，重点突出一个"准"字。投入期可供选择的市场营销策略如表 5-1 所示。

表 5-1　投入期可供选择的市场营销策略

价格水平	促销费用	
	高	低
高	快速掠去策略	缓慢掠去策略
低	快速渗透策略	缓慢渗透策略

（1）快速掠去策略。采用高价格、高促销推出新产品。高价格可以获得高利润，高促销则是为了引起大众的注意，实施该策略的条件是，市场上有较大的需求，消费者渴望得到这种产品而不在乎价格，面临潜在的竞争。

（2）缓慢掠去策略。采用高价格、低促销推出新产品，以求用尽可能少的支出获得尽可能大的收益。实施该策略的条件是，市场规模相对较小，市场上大多数消费者已熟悉该产品且愿意出高价购买，潜在的竞争威胁不大。

（3）快速渗透策略。采用低价格、高促销推出新产品，以求迅速占领市场，取得较大的市场份额。实施该策略的条件是，市场容量很大，消费者对新产品不太了解但对价格非常敏感，存在潜在竞争威胁。

（4）缓慢渗透策略。采用低价格、低促销推出新产品，以求通过低价格提升销量，通过少量促销节省成本。实施该策略的条件是，市场容量大，消费者熟悉该产品但对价格敏感，不存在潜在竞争。

　　一个产品被消费者认识只要 18 天的时间，这 18 天是一个产品进入市场的关键。这个时期，要让消费者认识产品及其功能。

营销专家：刘永炬

2. 成长期

　　进入成长期，企业的营销对策以维持其市场增长并尽可能大地拥有市场份额为主要目的，重点突出一个"优"字。适合采用的营销策略有以下几种。

　　（1）不断完善产品质量，增加花色品种，力求创出名牌产品，对抗竞争产品。

　　（2）企业应根据自身的特点和市场情况灵活定价。

　　（3）积极寻找新的细分市场，扩大网点，把产品打入新的市场。

　　（4）改变广告宣传的重点，由投入期的介绍产品改为宣传产品的特色，使消费者偏爱本企业产品。

3. 成熟期

　　企业在成熟期的基本营销对策应该是保持较高的销售水平，并尽可能延长这一时期，重点突出一个"改"字。适合采用的营销策略有以下几种。

　　（1）市场改良，即不改变产品本身，改变销售方式，以使产品销量得以扩大，例如，对牙膏的使用，宣传每天早晚刷牙。

　　（2）产品改良，即通过对产品的品质改良、性能改良及风格改良吸引有不同需求的消费者。

　　（3）营销组合改良。通过对 4 个市场营销组合因素加以综合改良，以刺激销量的增加，如降低产品的价格、改进产品的包装等。

4. 衰退期

　　进入衰退期，产品已成"昨日黄花"，迟早要退出市场，企业应有计划、有步骤地转移阵地，重点突出一个"转"字。适合采用的营销策略有以下几种。

　　（1）持续营销策略。继续沿用过去的策略，直到这种产品完全退出市场为止。

　　（2）集中营销策略。把企业能力和资源集中在最有利的细分市场和分销渠道上。

　　（3）收缩营销策略。大幅度降低促销费用，增加目前的利润。

　　（4）放弃策略。对于衰退比较迅速的产品，应当机立断退出市场，把资源转向其他获利产品上。

案例 8　万燕 VCD 机

　　VCD 机的诞生，源于一家小企业对市场的敏感。1993 年，姜万勐与孙燕生共同创立了万燕公司，专门开发 VCD 机。1993 年 10 月，万燕公司在新建的厂房里开始组装第一批 2 000 台 VCD 机。这批 VCD 机一上市便被抢购一空。从 1993 年年底，万燕公司开始整版

地在《人民日报》《北京青年报》上大做其 VCD 机广告；1994 年，万燕公司开始在中央人民广播电台大谈什么是 VCD，在电视广告的黄金时段，出现了如下的画面：关凌抱着一堆碟片，朗朗说道："小影碟特便宜。"中国老百姓也正是由这则广告正式听闻"VCD"这个颇有些洋味的概念。此时，VCD 机才正式在中国兴起，被广大百姓知道。就是在这个 VCD 机行业市场导入期，只有万燕一家公司打入 VCD 机市场。所以，万燕公司将其 VCD 机的价格当时定位在 5 300 元人民币，采用的可以说是先声夺人的策略。但当时，万燕 VCD 机的销量不足 2 万台。

对于市场导入期的产品，应该尽快进入和占领市场，尽可能在短时间内由市场导入期迈向市场成长期，企业营销策划的重点应该是在促销与价格方面。于是，万燕公司 1994 年便开始了各种广告宣传，广告投入费高达 2 000 万元人民币。

（资料来源：冯丽云. 现代市场营销学. 企业管理出版社）

任务三 认知新产品开发

5.3.1 新产品类型

新产品开发对企业来说具有非同寻常的意义。如果企业不能够源源不断地创造出新产品，那么其命运将会是萎缩和死亡。从产品整体概念来看，新产品不一定就是新发明的产品。一种产品只要在功能上或形态上得到改进，与原有产品产生差异，并能为消费者带来新的利益即为新产品。它包括以下四种类型。

1. 全新型新产品

全新型新产品即采用新原理、新技术、新材料研制出来的前所未有的产品，例如，爱迪生在 1879 年点燃了世界上第一盏电灯等。

2. 换代型新产品

换代型新产品即革新现有产品，使产品在原有的基础上改变核心部分，采用新技术制造的性能有显著提高的新产品，例如，海尔洗衣机针对年轻的上班族快节奏的生活需要，在原先家庭主妇使用的省水、省电洗衣机的基础上研制出了全自动洗衣机等。

3. 改进型新产品

改进型新产品即改变现有产品，使产品在原有基础上不改变核心，在产品的质量、结构、功能、花色品种等方面做出改进的产品，例如，西门子冰箱在不改变压缩机的情况下，研制出了质量更有保证的新型双开门冰箱等。

4. 仿制型新产品

仿制型新产品即市场上已经存在的，只是标出新牌子的在本国、本地区或本企业初次仿制并投入市场的产品，例如，苹果手机问世后，现在很多手机生产厂商都在生产外形相同的产品。

案例9   抗菌防臭袜的诞生

2002年，计红日创立了自己的袜子生产企业。10多年间，计红日专注于袜子生产，为国内外一线品牌的袜子做配套代工，历练了其企业制造和产品开发能力，成为晋江市闻名的袜子生产商。眼看着客户靠品牌天天成长，计红日也萌生了打造品牌的念头。

就在此时，计红日发现了具备抗菌防臭功能的纳米材料，并洞察到其未被其他品牌的袜子企业所发现。他立即联合几所大学的教授研发了这项技术，并应用到袜子上形成了差异化的卖点。

5.3.2 新产品开发方式

新产品的形式多种多样，开发新产品的方式有很多种。企业可以结合自己的实际情况进行合理的选择。以下介绍几种常见的开发方式。

1. 独立研制

企业自行开发、联合开发或委托开发，通过开发创造出独具特色的新产品。这种方式需要企业有较强的研发能力和雄厚的资金。

2. 技术引进

引进国外先进产品线或生产技术。这种方式能节省研制费用、赢得时间、缩短差距、填补空白，是新产品开发的快捷途径。

3. 联合开发

通过与其他企业或国外企业进行的技术交流、协作、合作等方式，利用各自的优势来研发新产品。

小贴士

在美国到处充斥着用后即可丢弃的一次性产品时，金·吉利准备发明一次性剃须刀。于是，金·吉利花费了8年时间研究，在1901年发明了第一把带有一次性刀片的剃须刀并申请了专利，成立了吉利公司。

营销专家：刘永炬

5.3.3 新产品开发方向

由于市场竞争日益激烈，消费者的需求也多种多样。这就使企业认识到新产品开发方向的重要性。企业在选择产品开发方向时应考虑以下几点。

1. 独创性

一种产品要有自己的特色，这样才能吸引新顾客并保留老顾客。例如，河南省的方中山胡辣汤，其口感、配料、颜色和其他胡辣汤不同，有其独特的秘制配方，每天有许多老顾客和新顾客前来光顾。

2. 多样性

单调的产品会影响销量，只有具有不同规格、不同形式的产品才能更好地吸引消费者，如自助餐有火锅类的、烧烤类的、披萨类的等。

3. 微型性、轻便性

在保障质量的前提下，使产品的体积变小，重量变轻，便于携带。例如，台式计算机的体积大，只能在固定场所使用，在时代发展的今天，便于携带的笔记本计算机更符合人们随时要处理工作的需求。

4. 简易性

尽量在产品的结构、使用方法上使消费者易懂、易掌握。例如，全自动洗衣机可使消费者只要按一次按钮，就能够完成洗衣、漂洗、脱水等功能，让消费者操作更方便。

5. 环保性

节能型或对原材料的消耗很低，或者有利于保护环境的新产品，无疑大有前途。例如，由于汽车排放的废气导致空气的污染严重，一些汽车厂商生产了电动汽车来解决这个问题。

↘ 5.3.4 新产品开发基本要求

为了提高新产品开发的成功率，企业在研制和开发新产品时，应遵循以下基本要求。

1. 市场需求化

企业产品开发的目的是满足消费者尚未得到满足的需求，因而必须对目标市场进行认真分析预测，研制开发潜在市场需求的产品。

2. 企业能力化

新产品的开发是一项难度很大的工作，企业要根据自身的资源、设备条件和技术实力全面考虑，量力而行。

3. 产品特色化

产品的开发要新颖别致，有自己的特色和优势，以满足不同消费者的需求和购买欲望。

4. 经济效益化

新产品开发必须以经济效益为中心，必须做到效益显著，否则就失去了意义。成功的新产品除可收回全部研制费用外，还能取得可观的利润。

案例 10　失去的市场

1961 年夏天，Gillette 公司的竞争对手 Wilkinson 公司开始在美国出售新开发的刀片。然而这样一种还没有打开销路的刀片，其售价又是 Gillette 刀片价格的 2 倍，要打进市场是相当困难的。最后，Wilkinson 公司说服了一些推销商与销售人员把这些刀片存放在园林商店中以寄售方式销售。Wilkinson 公司为了推销刀片，有时就向顾客免费赠送刀片，导致形成了 Wilkinson 刀片供不应求的现象。Wilkinson 公司的这种刀片一时风靡起来。

尽管 Wilkinson 公司生产了有巨大需求量的新产品，但也不能对 Gillette 公司形成威胁。由于市场份额的减少。使得 Gillette 公司开始对自己生产的不锈钢刀片产生了担心和犹豫。

Gillette 公司投资 400 万美元用于新产品的广告和推销活动：其中的 80% 费用来自 Gillette 的其他刀片，显然主要是来自高级蓝色刀片。直到 20 世纪 70 年代，Gillette 才把生产重心转移到不锈钢刀片上来，这时他们已经失去了 40% 的市场份额。

任务四　认知产品组合策略

➡ 5.4.1　产品组合要素

产品组合是指企业生产经营产品的产品线和产品项目的集合，即企业的业务经营范畴。

产品线是指在结构、功能上密切相关，能满足消费者需求的一组产品。每条产品线内部包括若干个产品项目。

🧩 小贴士

一个家用电器公司，生产电视机、电冰箱、洗衣机和手机 4 个产品系列，即该公司有 4 条产品线。其中，电冰箱系列中的银色双开门冰箱就是电冰箱这条产品线的一个产品项目。

产品项目是指产品线中各种不同品种、规格、型号、质量和价格的特定产品。宝洁公司的产品组合如表 5-2 所示。

表 5-2　宝洁公司的产品组合

产品线	产品项目
洗发、护发用品	飘柔、潘婷、海飞丝、沙宣、伊卡璐洗发、护发用品
个人清洁用品	舒肤佳香皂、玉兰油香皂、舒肤佳沐浴露、玉兰油沐浴乳、激爽香皂、激爽沐浴露
护肤用品、化妆品	玉兰油护肤系列、SK-II
口腔护理用品	佳洁士牙膏、佳洁士牙刷
织物、家居护理用品	碧浪、汰渍洗衣粉

产品组合包括以下 4 个变化因素。

1. 产品组合的宽度

产品组合的宽度即产品组合的广度，是指一个企业拥有的产品线的数量。在表 5-2

中，我们可以看到，宝洁公司为中国市场提供了洗发、护发用品，个人清洁用品，护肤用品、化妆品，口腔护理用品，织物、家居护理用品5个系列，所以宝洁公司的产品组合宽度为5。

2. 产品组合的长度

产品组合的长度即企业各条产品线所包含的产品项目的总和。在表5-2中，宝洁公司的产品组合的总长度是17。

3. 产品组合的深度

产品组合的深度即产品线中的产品项目所具有的不同花色、口味、规模等的数量。在表5-2中，若佳洁士牙膏包括了3种规格2种口味，那么宝洁公司的产品组合深度就为6。

4. 产品组合的关联度

产品组合的关联度即不同产品在最终用途、生产制造、销售渠道等方面的相关程度。宝洁公司的产品都属于日用品，所以产品组合的关联度相对来说较高。

➡ 5.4.2 产品组合策略

企业的产品组合策略是根据市场需求和企业的实力做出的决策。制定产品组合策略必须考虑企业的资源、市场需求状况、竞争条件等诸多因素。常见的产品组合策略有以下几种。

1. 扩大产品组合策略

扩大产品组合策略即扩展产品组合现有的产品线和产品项目数量，扩大生产经营范围。

2. 缩减产品组合策略

缩减产品组合策略即降低产品组合现有的产品线和产品项目数量，取消获利很少的产品，集中力量与优势生产经营能够为企业带来较多利润的产品。

3. 产品线延伸策略

每一个企业的产品都有其特定的定位，能够部分或全部改变原有产品线即为产品线延伸策略。

（1）向上延伸，即生产经营中、低档产品的企业，逐渐增加高档产品，例如，吉利汽车从开始生产让老百姓买得起的汽车，现在也开始生产中档汽车了。

（2）向下延伸，即生产经营高、中档产品的企业，逐渐增加低档产品，例如，宝洁公司的飘柔洗发水推出了9.9元家庭系列洗发水。

（3）双向延伸，即生产经营中档产品的企业在掌握了市场优势后，同时增加高档产品和低档产品。

案例 11　大众集团公司车型的缩减

2016 年，大众集团公司大幅度缩减产品，取消 40 款车型。大众集团公司旗下目前仍有 340 多款车型，分别隶属于大众、奥迪、斯柯达、西雅特和保时捷品牌。知情人士透露，未来这个数字将低于 300。包括大众集团公司在内的众多汽车制造商会提供同车型的不同版。对于大众集团公司而言，越来越难管理生产的这些车型汽车，从而使生产滞后。另外，不同的车型和不同的品牌之间还会形成竞争。将被取消的车型会是大众集团公司销售业绩不佳的车型。

（资料来源：李坚强，蒋良骏，周科. 市场营销——过程与实践. 南京大学出版社）

？ 有些小百货商店也经营电视机、冰箱等产品，这属于什么产品延伸策略？

练习与实训五

一、判断题（正确的打"√"，错误的打"×"）

1. 品牌名称是品牌中可用语言表达的部分。　　　　　　　　　　　（　　）

2. 商标就是品牌，品牌就是商标。　　　　　　　　　　　　　　　（　　）

3. 品牌使用者策略是指企业决定在产品上使用生产者品牌还是销售者品牌。（　　）

4. 根据产品在市场中销售额和利润的变化情况，可分为 4 个阶段：导入期、成长期、成熟期和衰退期。　　　　　　　　　　　　　　　　　　　　　　　（　　）

5. 产品市场寿命和产品使用寿命是一样的。　　　　　　　　　　　（　　）

6. 从市场营销学的角度看，仿制型新产品不属于新产品的种类。　　（　　）

7. 产品组合的宽度（广度）是指每条产品线中包含的产品项目的数量。（　　）

二、选择题

1. 产品的品质、品牌、特色属于（　　）。

A. 核心产品　　　　B. 形式产品　　　　C. 延伸产品　　　　D. 潜在产品

2. 消费者购买某种产品时所追求的利益，即消费者真正要买的东西，是产品整体概念中的（　　）。

A. 产品形式　　　　B. 产品核心　　　　C. 附加产品　　　　D. 产品延伸

3. 海尔热水器中的"海尔"二字是（　　）。

A. 招牌　　　　　　B. 品牌标志　　　　C. 品牌名称　　　　D. 以上都不是

4. 海尔集团公司对其所有产品或同一产品线上的产品都使用同一个品牌，该公司在产品经营中运用了（　　）。

A. 统一品牌策略　　B. 分类品牌策略　　C. 更新品牌策略　　D. 个别品牌策略

5. 按人们消费的习惯，将多种有关联的产品组合装置在同一包装物中，此策略属于（　　）。

A. 相似包装　　　　B. 组合包装　　　　C. 再使用包装　　　　D. 附赠品包装

6. 在产品市场生命周期中，丰厚利润一般在（　　）开始出现。

A. 衰退期　　　　B. 导入期　　　　C. 成长期　　　　D. 成熟期

7. 企业依靠自己的科研技术力量研究开发新产品，这属于新产品开发方式中的（　　）。

A. 技术引进　　　　B. 独立研制　　　　C. 协作开发　　　　D. 研制与引进相结合

8. 企业原来生产经营低档产品，后来决定增加高档产品，这种产品组合策略是（　　）。

A. 向上延伸　　　　B. 向下延伸　　　　C. 反向延伸　　　　D. 缩减产品组合

9. 某蛋糕店有四种规格和两种口味的蛋糕，该蛋糕店产品的深度是（　　）。

A. 4　　　　B. 6　　　　C. 8　　　　D. 9

三、简答题

1. 简述现代产品整体概念。

2. 简述品牌名称策略。

3. 简述包装策略。

4. 简述产品生命周期各阶段的营销策略。

5. 简述新产品的类型。

6. 简述产品组合策略。

四、案例分析题

宝洁公司的洗发水产品有五大品牌：海飞丝、飘柔、潘婷、沙宣和伊卡璐。同为洗发水，各有各的用途：海飞丝——去头屑；飘柔——使头发柔顺；潘婷——增加发质营养；沙宣——保湿定型；伊卡璐——草本精华。

思考题：

1. 宝洁公司在洗发水产品上采用了什么品牌策略？

2. 该品牌策略的优点是什么？

3. 该品牌策略的缺点是什么？

五、课外实践

1. 请同学们分析一下电冰箱、手机、羽绒服、牙膏产品的 3 个层次分别是什么。

2. 海尔集团公司有 40 多个产品大类，800 多个产品项目。海尔集团公司部分产品组合如表 5-3 所示。

表 5-3　海尔集团公司部分产品组合

广　度	深　度
电冰箱	大王子
	双王子
	小王子
	帅王子
空调器	小元帅
	金元帅
	小超人
	小状元
	小公主
洗衣机	丽达
	小神功
	小丽人
	小神童
	神童王
	小神泡
电视机	探路者

试分析：

1. 在海尔集团公司部分产品组合中，其组合的广度、深度及其关联性如何？

2. 产品组合的 3 个变化因素对企业具有什么重要意义？

项目六　选择定价策略

知识要点

◎ 了解影响企业定价的因素

◎ 熟悉企业定价的目标

◎ 掌握各种不同的定价方法

◎ 掌握定价的策略、技巧及价格调整对策

能力要点

◎ 学会选择合适的方法确定产品价格

◎ 理解并运用企业定价的策略和技巧

当你走进 COSTA 咖啡店点了一杯 36 元的拿铁咖啡，准备掏出钱包付款时，服务员告诉你："先生，这杯价格 36 元的咖啡，您今天可以免费得到。"此时你一定会问："怎么得到？"

服务员接着说："很简单，只要您办理一张 88 元的打折卡，这杯咖啡今天就是免费的了。这张卡在全国所有 COSTA 咖啡店通用，就是说，您在任何时候到 COSTA 咖啡店消费，都可以享受 9 折优惠。"

调查表明，有 70% 的消费者都会购买这张 COSTA 咖啡店的打折卡。

此策略可谓一箭双雕。

第一，可以提高消费者第一次消费的价格。对于消费者来说，送一杯咖啡且这张卡以后还可以持续打折，乍一听感觉很划算。但是，真实的情况是咖啡的价值是 36 元，办一张打折卡要 88 元，消费者多花了 52 元。这其中的原因很简单，打折是建立在消费的基础上的，如果你不消费，这张卡对你就没有任何用处；就算你消费了，那也是给商家持续贡献利润。

第二，"锁定"消费者。当你响应了 COSTA 咖啡店的主张之后，你便获得了一张打折卡。就在你办这张卡的一瞬间，其实 COSTA 咖啡店就已经锁定了你的消费。COSTA 咖啡与星巴克咖啡定价是接近的。当你下一次要喝咖啡时，因为有了这张 COSTA 咖啡店的打折卡，你基本上就不会考虑星巴克咖啡了。

（资料来源：苏朝晖．市场营销从理论到实践．人民邮电出版社）

企业在给其产品定价时，不管是采取哪一种定价策略，都应根据自身的发展战略和市场竞争状况，选择正确的定价策略。一般来说，正确定价是企业提高市场占有率、获取利润的最快、最有效的方法。

任务一　分析影响产品定价的因素

价格是产品价值的货币表现。产品定价是企业依据产品成本、市场需求及市场竞争状况等影响因素，为产品制定适宜的价格，使产品在保证企业利益的前提下，最大限度地被市场接受的过程。

产品定价是一门科学，也是一门艺术，为自己的产品制定一个合适的价格，是每一个企业都会面临的问题。在营销组合中，价格是唯一能创造利润的变数。定价策略的成功与否，不但关系着企业产品的销量、企业的盈利，还关系着企业的命运。

⤷ 6.1.1　定价目标

定价目标是指企业通过特定水平的价格，以及其产生的效应达到的预期目的。定价目标必须服从企业的营销总目标，不同企业有不同的定价目标，定价目标主要有以下几种。

1. 获取最大利润

无论把产品的价格定得高还是低，目的都是获得利润。通常，企业会根据市场需求和生产销售成本确定产品价格，以实现当期利润最大化。

2. 提高市场占有率

市场占有率是企业经营状况和产品竞争能力的综合反映。合理的价格可以保持较高的市场占有率，而较高的市场占有率意味着企业享有最低成本和较高的长期利润。

3. 减少竞争

知己知彼，方能百战百胜。企业应首先考虑竞争对手的定价策略及竞争对手对价格的反应，并将本企业的产品质量、规格、价格等与竞争者相比较，然后再制定出合适的定价目标以减少竞争。

4. 维持企业生存

生产能力过剩、竞争激烈及消费者需求的变化，使得企业把维持生存作为主要目标。企业应采取低价和大幅度折扣让利的方法，以求收回成本，使企业得以继续经营下去。这时生存比获利更为重要，但这只能作为企业面临困境时的短期目标。从长远来看，企业为了谋求生存发展就要设法提高价格，以保证利润。

5. 塑造企业形象

一些企业为了在市场上树立其产品的优质形象，在生产成本、产品开发研究等方面做了较大的投入。为了收回这些支出，他们往往给自己的产品或服务制定了较高的价格，反过来这种较高的价格又进一步提高了产品的优质形象，增加了对高收入消费者的吸引力。

? 某企业新推出了一种素食产品，为迅速打开市场赢得一定数量的消费者，应选择哪一种定价目标？

6.1.2 产品成本

产品成本是定价的基础，是产品定价的底线，定价不能低于成本。产品成本包括制造成本、销售成本和储运成本等。制造成本是企业生产制造产品过程中所支出的全部费用；销售成本是产品流通领域中的广告、销售费用；储运成本是产品从生产者手中到消费者手中所必须支出的运输和储运费用。企业必须了解成本的具体构成及变化情况，努力降低成本、控制价格、扩大销售、增加盈利。

? 我们在生活中见到的产品都是成本定价吗？例如，沃尔玛商场中的产品非常便宜，推出"天天特价"，它是成本定价吗？

6.1.3 市场需求

产品价格除受成本影响外，还受市场需求的影响。当产品价格高于某一水平时，购买者会减少；当产品价格低于某一水平时，购买者会增多。价格与需求之间呈反比例关系：价格下降，需求增加；价格上升，需求减少。

价格的变动会影响市场需求，那么市场需求对价格的变动将有怎样的反应呢？这就必须了解需求弹性。产品价格或消费者收入等因素引起需求的相应变动称为需求弹性。需求弹性反映需求量对价格的敏感程度。例如，南方产的水果在北方地区很受欢迎，有很大的需求量，但价格却比南方地区高出很多。

另外，对于有些产品来说，需求量与价格成正比。这是因为有些消费者认为，价格越高，就意味着质量越好或越高贵。例如，能代表社会地位和身份的装饰品、显示其经济实力的标志性产品或有价值的收藏品等。

当市场需求大于供给量时，产品价格应高一些；当市场需求小于供给量时，产品价格应低一些。反过来，价格变动影响市场需求总量，从而影响销量，进而影响企业目标的实现。

以下几种情况可能使需求不受价格的影响。

（1）市场上没有替代品或竞争者。

（2）购买者改变购买习惯的时间较长。

（3）存在通货膨胀等。

6.1.4 市场竞争

企业的定价是一种竞争行为，任何一次的价格制定或调整都会引起竞争者的关注，并据此采取相应的对策。同时，竞争者的定价行为也会影响本企业产品的定价。价格和质量是竞争的主要因素，如果与竞争者的产品质量相差不大，则价格应选择一般水平或比竞争者略低一些，否则销量将会受到影响；如果比竞争者的产品质量差，就要把价格定得低一些；如果产品质量优于竞争者的产品，那么价格就可以定得高一些。

6.1.5 影响定价的其他因素

在定价时，企业还必须考虑其他因素，如国家的经济、法律、政策及广告等因素对价格的影响。其中，一些经济因素，如经济增长和衰退、通货膨胀等，都会影响企业的定价策略。国家、政府的经济政策和法律条款，对价格的制定和调整也都有相应的限制，因此营销人员还要了解影响价格的相关法律规定和经济政策。此外，社会焦点问题也是企业必须考虑的因素。

案例1 **国际价格**

出国旅行的游客常常会惊讶地发现，那些在国内相对便宜的商品在其他国家可能价格高得离谱。一条在美国售价30美元的李维斯牛仔裤，在日本东京可能会被卖到63美元，在法国巴黎则会被卖到88美元。在美国售价4.20美元的麦当劳巨无霸，在挪威被卖到

7.85 美元，在巴西被卖到 5.65 美元。在美国售价 2.49 美元的欧乐-B 牙刷在中国可能要被卖到 10 美元。相反，在意大利米兰一个售价仅 140 美元的古奇手提包在美国可能要被卖到 240 美元。在某些情况下，这样的价格升级可能源于不同的销售策略或市场条件。

（资料来源：加里·阿姆斯特朗，菲利普·科特勒，王永贵. 市场营销学.

中国人民大学出版社）

任务二　分析定价方法

6.2.1　定价的程序

企业定价的程序一般包括六个步骤，即确定定价目标、测定需求、估算成本、分析竞争状况、选择定价方法、确定最后价格。

1. 确定定价目标

企业需要确定的定价目标主要有投资收益率目标、市场占有率目标、利润最大化目标、渠道关系目标、生存目标、塑造形象目标等。

2. 测定需求

企业产品的价格会影响市场需求，市场需求的变化又会影响企业的产品销售甚至企业营销目标的实现。因此，测定市场需求状况是制定价格的重要工作。在测定市场需求时，首先要了解市场对价格变动的反应，即需求弹性。

影响需求弹性大小的因素主要有三个：产品替代品的数目和相近程度；产品价格占消费者收入的比重；产品的用途。

3. 估算成本

企业在为产品定价时，需要进行成本估算。企业产品价格的最高上限取决于市场需求及有关限制因素，而最低价格不能低于产品的经营成本费用，这是企业价格的下限。

4. 分析竞争状况

对竞争状况的分析包括三个方面的内容：分析企业竞争地位；协调企业的定价方向；估计竞争企业的反应。

5. 选择定价方法

定价方法与定价目标是密切相关的，但定价方法更为具体。定价方法确定后，产品的价格就大概确定了。

6. 确定最后价格

最后价格是面向消费者的价格，在确定最后价格时，应遵循四项原则：一是保持与企业预期定价目标的一致性，以有利于企业总体战略目标的实现；二是符合国家政策、法令的有关规定；三是符合消费者整体及长远利益；四是与企业市场营销组合中的非价格因素协调一致、互相配合，以便为达到企业营销目标而服务。

定价方法是指企业在特定的定价目标指导下，考虑影响定价的各种因素，对产品价格进行计算的具体方法。影响企业定价的因素很多，但主要的有成本因素、市场需求和竞争者产品的价格三个因素。成本因素影响了价格的下限，市场需求影响了价格的上限，竞争者产品的价格影响了企业产品在最高价格和最低价格之间的标价点。因而，企业定价的方法主要分为三类：成本导向定价法、需求导向定价法和竞争导向定价法。

> 定价无定式，出奇制胜。
> 先发制人，可达到目的。

6.2.2 成本导向定价法

1. 成本加成定价法

成本加成定价法是指在单位成本基础上加上一定比例的预期利润和税金，以构成价格的一种定价方法。其基本计算公式为

$$单位产品价格 =（单位固定成本+单位变动成本）\times（1+加成率）$$

例题：某企业生产 A 产品的固定成本是 300 000 元（人民币，下同），单位变动成本是 10 元，预计单位销量是 50 000 个，则该企业生产 A 产品的单位成本为多少元？该企业想在销售额中有 20% 的利润，应以多少价格出售 A 产品？

解题思路：单位成本=固定成本÷预计单位销量+单位变动成本=（300 000÷50 000）元+10 元=16 元。这时有两种情况。

（1）逆加法。假设该企业想在销售中有 20% 的（利润）加成率，则单位产品价格=单位成本÷（1-加成率）=16 元÷（1-20%）=20 元。

（2）顺加法。假设该企业想在成本的基础上获得 20% 的（利润）加成率，则单位产品价格=单位成本×（1+加成率）=16 元×（1+20%）=19.2 元。

在零售企业中，百货店、杂货店一般采用逆加法来制定产品价格；而水果店、蔬菜店则多采用顺加法来定价。

2. 目标利润定价法

目标利润定价法是指根据估计的销量来制定价格，以达到预期目标利润的一种定价方法。其计算公式为

$$目标利润价格 =（总成本+总目标利润）÷预计销量$$
$$=单位变动成本+单位目标利润+固定成本÷预期销量$$

例如，某产品的固定成本为 50 000 元，预计销量为 10 000 件，单位变动成本为 10 元，企业为该产品确定的目标利润为每件 5 元，那么该产品的目标利润价格为

$$10+5+50\ 000÷10\ 000=20（元/件）$$

如果企业的成本与预测销量都计算得很准确，那么就能确定目标利润，这里没有考虑价格与需求之间的关系和竞争者产品的价格等因素对企业产品销量的影响。所以这种方法适合用于市场占有率较高或垄断性的企业。

3. 边际贡献定价法

边际贡献定价法是指只计算变动成本，而不计算固定成本时所得到的产品价格的一种定价方法。边际贡献是指产品价格与产品变动成本的差额。当单位边际贡献大于零时，企业则赢利，否则企业将亏损。

例如，某企业单位变动成本为 25 元，产品价格为 30 元/件，那么单位边际贡献为 5 元/件，企业赢利。

如果企业产品供过于求，按照原价出售已无销路，则必须降价，甚至降低到成本以下才能吸引部分消费者。那么此时是维持原价停止生产还是降价以维持生产呢？这时可以通过边际贡献定价法来衡量。如果降价能维持生产，固定成本则可以利用，那么边际贡献还能部分收回或全部收回固定成本。因此边际贡献定价法是产品供过于求条件下所采用的一种灵活适应市场变化、维持生产、减少损失的定价方法。

6.2.3 需求导向定价法

需求导向定价法是指企业在定价时不再以成本为基础，而是以消费者对产品价值的理解和需求强度为依据的一种定价方法。需求导向定价法主要包括理解价值定价法、需求差异定价法和逆向定价法。

1. 理解价值定价法

所谓"理解价值"，是指消费者对某种产品价值的主观评判。理解价值定价法是指企业以消费者对产品价值的理解度为定价依据，运用各种营销策略和手段，影响消费者对商品价值的认知，形成对企业有利的价值观念，再根据商品在消费者心目中的价值来制定价格的一种定价方法。

案例 2	没有标价的菜谱

Michael Vasos 在伦敦拥有一家叫"Just Around the Corner"的饭店。这家饭店的菜谱上没有标注价格，而是让顾客根据自己所用食物的价值来支付。这种办法让顾客只对食物感兴趣。"Just Around the Corner"饭店通过提高食物的价格，使顾客消费的价格超过了相应菜单价格的 20%。Michael Vasos 声称这是很大的成功，因为"Just Around the Corner"饭店是他所经营的五家饭店中最赢利的一家。

(资料来源：赵俊芳. 市场营销基础. 江苏教育出版社)

2. 需求差异定价法

需求差异定价法以不同时间、地点、产品及不同消费者的消费需求强度差异作为定价的基本依据，针对每种差异决定其在基础价格上是加价还是减价。需求差异定价法主要有以下几种形式。

(1) 因地点而异。例如，位于机场的商店、餐厅向乘客提供的产品的价格普遍要远高于市内的商店和餐厅。

（2）因时间而异。例如，国庆、春节两个长假期也是两个购物黄金假期，产品价格较平时会有一些增长。

（3）因产品而异。例如，在 2008 年北京奥运会举行期间，标有奥运会会徽或吉祥物的 T 恤及一些产品价格，比其他同类产品的价格要高。

（4）因消费者而异。根据消费者不同的需求，制定不同的价格。例如，公交车票对学生及老人收费相对较低；电力公司对工业用户收费高，对居民用户收费低等。

实行差异定价要具备以下条件：市场能够根据需求强度的不同进行细分；细分后的市场在一定时期内相对独立、互不干扰；高价市场中不能有低价竞争者；价格差异适度，不会引起消费者的反感。

3. 逆向定价法

逆向定价方法主要是不考虑产品成本，而是重点考虑需求状况。逆向定价法是指依据消费者能够接受的最终销售价格，逆向推算出中间商的批发价和生产企业的出厂价格的一种定价方法。逆向定价法的特点是：价格能反映市场需求情况，有利于加强与中间商的良好关系，可以保证中间商的正常利润，使产品迅速向市场渗透，并可根据市场供求情况及时调整，定价比较灵活。

？ 北京故宫博物院的旅游淡季门票价格为 40 元/人，旅游旺季门票价格为 60 元/人，这是采用了哪种定价方法？

↘ 6.2.4 竞争导向定价法

在竞争十分激烈的市场上，企业通过研究竞争对手的生产条件、服务状况、价格水平等因素，依据自身的竞争实力，参考成本和供求状况来确定产品价格的方法称为竞争导向定价法。竞争导向定价法主要包括随行就市定价法、竞争价格定价法和投标定价法。

1. 随行就市定价法

随行就市定价法以本行业的平均价格水平或本行业中占主导地位企业的价格水平作为定价的基础。平均价格水平往往被认为是"合理价格"，容易被市场接受。同时，这种定价方法避免了恶性价格竞争所产生的风险，而且这种通行价格一般也能为企业带来适度利润。

家乐福北京分店是家乐福集团于 1995 年 12 月 5 日在中国内地开设的第一家分店。开业初期，它采用低价策略成功打开市场之后，下一步便是针对主要对手来制定价格。每周三它都要派出大量人员到两个主要竞争对手处（燕莎望京购物中心、普尔斯马特超市）去采价，然后迅速汇总，星期四晚上调整价格，迎接双休日的销售高峰。在竞争导向定价法中，它主要运用了随行就市定价法，以主要竞争对手的价格作为基础，再稍微下调一些价格，从而既保证了价格优势，也不致使收入过分降低。

2. 竞争价格定价法

与随行就市定价法相反，竞争价格定价法是一种主动竞争的定价方法。它不是追随竞

争者的价格，而是根据本企业的实际情况及与竞争对手的产品差异情况，以高于或低于竞争者的价格来出售产品。这种定价方法，一般被实力雄厚或产品独具特色的企业所采用，关键是知己知彼、随时调整。

3. 投标定价法

在国内外，许多大宗物资采购、工程项目承包、仪器设备引进、矿产能源开发等大都采用招标和投标的交易方式。投标价格是投标者根据竞争者的报价估计确定的，而不是按照自己的成本费用确定的。投标企业在报价时，必须预测竞争者的价格意向，制定既能保证中标又能保证最大期望利润的最佳报价，而这正是投标定价的困难所在。

投标定价法的另一种形式是拍卖定价法。它是指预先展示所要出售的产品，在一定的时间和地点，按一定的规则，由买主公开叫价的方式，引导购买者报价，利用买方竞购的心理，从中选择最高价格成交。这种方法具有竞争公开、出价迅速、交易简便的特点，现仍流行于世界各地，尤其是在出售文物、古董、珍品、高级艺术品、房产等时多采用此种方法。

任务三　分析定价策略

定价方法着重于确定产品的基础价格，而定价策略是根据市场中不同的变化因素对产品价格的影响程度，运用不同的定价艺术与技巧，制定出适合市场变化的灵活机动的产品价格，从而实现定价目标的企业营销战术。

6.3.1　新产品定价策略

新产品与其他产品相比，可能具有竞争程度低、技术领先的优点，但同时也会有不被消费者认同和产品成本高的缺点，因此在为新产品定价时，既要考虑能尽快收回投资、获得利润，又要考虑所定价格是否有利于被消费者接受。在实际生活中，常见的定价策略有以下三种。

1. 撇脂定价策略

在新产品上市之初，可将价格定得较高，以在短期内获取厚利，尽快收回投资，就像从牛奶中撇取所含的奶油一样，取其精华，因此将这种方法称为撇脂定价策略。这种策略又称高价策略，是指企业以大大高于成本的价格将新产品投入市场，以便在短期内获取高额利润，尽快收回投资，然后再逐渐降低价格的策略。

撇脂定价策略适合需求弹性较小的细分市场，其优点如下。

（1）新产品上市，消费者对其无理性认识，因此利用较高价格可以提高身价，从而适应消费者求新心理，并有助于开拓市场。

（2）主动性大，产品进入成熟期后，价格可分阶段逐步下降，从而有利于吸引新的消费者。

（3）价格高，可以限制需求量过于迅速增加，使其与生产能力相适应。

撇脂定价策略的缺点是：不利于扩大市场，并很快会招来竞争者，从而会迫使价格下降，好景不长。

索尼公司的电器产品在投入市场之初，大都采用了该策略。我们生活中的许多电子产品、高科技产品也都曾采取过此做法。例如，1888年，美国人雷诺发明了圆珠笔，命名为"原子笔"，并将单支定为15美元的"天价"，通过各种渠道宣传，人们普遍接受甚至趋之若鹜，到其身价一落千丈时，雷诺已经带着鼓鼓的钱包去经营其他的产品了。采用撇脂定价策略可使企业利润最大化，但高价会吸引竞争者纷纷加入，一旦有竞争者加入时，企业就应迅速降价。

2. 渗透定价策略

渗透定价策略是指将新产品投入市场时，价格定得尽可能低一些，其目的是获得最高销量和最大市场占有率。当新产品没有显著特色、竞争激烈、需求弹性较大时，宜采用渗透定价法，其优点如下。

（1）产品能迅速被市场接受，打开销路，增加产量，使成本随生产发展而下降。

（2）低价薄利，使竞争者望而却步，减缓竞争，获得一定市场优势。

例如，20世纪30年代被誉为"世界胶鞋大王"的著名华侨陈嘉庚先生，他的胶鞋刚刚问世的头几年，用大大低于成本的价格对市场进行渗透，以赢得大量消费者，从而迅速打开销路，直到他的胶鞋成为名牌产品时，他才逐步把价格提高，最后仍然赚了大钱。

案例3　英特尔公司的定价策略

一位分析师曾这样形容英特尔公司的定价政策："这个集成电路巨人每12个月就要推出一种新的、具有更高利润的微处理器，并把旧的微处理器的价格降低以满足市场需求。"英特尔公司在推出一种新的计算机集成电路时，将其定价为1 000美元。这个价格使这种新的计算机集成电路能在市场占有一定份额。这种新的计算机集成电路能够增加高性能级别个人计算机和服务器的性能。如果顾客等不及且不计较价格，就会在价格较高时去购买这种新的计算集成电路。随着这种新的计算集成电路销售额慢慢下降及竞争对手推出相似的集成电路，英特尔公司就会降低这种新的计算集成电路价格来吸引对价格敏感的顾客。最终这种新的计算集成电路价格跌落到最低水平，每个集成电路仅售200美元左右，使该集成电路成为一个满足大众市场的处理器。通过这种方式，英特尔公司从不同消费层次的市场中获取了最高的收入。

（资料来源：赵俊芳．市场营销基础．江苏教育出版社）

3. 满意定价策略

满意定价策略是一种介于撇脂定价策略和渗透定价策略之间的价格策略。其所制定的价格比撇脂价格要低，而比渗透价格要高，是一种中间价格。这种定价策略由于能使生产者和消费者都比较满意而称为满意定价策略，有时又称君子价格或温和价格。

⤷ 6.3.2 心理定价策略

心理定价策略是指根据消费者的不同心理，采取不同定价技巧的策略。常见的心理定价策略有以下六种。

1. 声望定价策略

声望定价策略是指对一些名牌产品，企业往往可以利用消费者仰慕名牌的心理而制定大大高于其他同类产品价格的策略。例如，国际著名的欧米茄手表在我国市场上的销售价从一万元人民币到几十万元人民币不等。消费者在购买这些名牌产品时，特别关注其品牌，以及标价所体现出的炫耀价值，目的是通过消费获得极大的心理满足。

德国的奔驰轿车、瑞士莱克司手表、巴黎时装中心的服装及我国的一些国产精品也多采用这种定价策略。

2. 尾数定价策略

对于日常用品或低档产品，在定价时，保留价格尾数，用零头数标价，如定价为9.98元而不是10元，这会在消费者心理上产生一种便宜的感觉。另外，在消费者看来，带尾数的价格是经过精心计算而来的，给人以真实感、信赖感。尾数定价策略可以满足消费者的求实心理。许多大卖场采用的都是尾数定价法。大卖场宣传页如图6-1所示。

图6-1 大卖场宣传页

3. 整数定价策略

由于消费者常常根据价格来辨别产品的质量，对价格较高的产品，如耐用品、礼品或服装等，消费者不太容易把握其质量，这时实行整数定价反而会抬高产品的身价，从而达到扩大销售的目的，这就是整数定价策略。

4. 习惯性定价策略

有些产品，如牛奶，消费者在长期的消费中，已在头脑中形成了一个参考价格水准。

如果企业定价低于该水准则易引起消费者对品质的怀疑，而高于该水准则可能受到消费者的抵制，企业定价时常常要迎合消费者的这种习惯心理，这就是习惯性定价策略。

5. 招徕定价策略

零售商常利用消费者贪图便宜的心理，特意将某几种产品的价格定得较低以招徕消费者，或者利用节假日和换季时机举行大甩卖、限时抢购等活动，把部分产品打折出售，目的是吸引消费者，促进全部产品的销售，这就是招徕定价策略。

6. 如意定价策略

利用人们追求吉祥如意的心理，在定价时采用一些吉祥的数字，如6、8、9或偶数，来给产品标价。例如，给商品定价为168元或689元等。

案例4　　《经济学人》杂志的定价

《经济学人》杂志有一个有趣而有效的定价策略。《经济学人》杂志为杂志的年度订阅打出了这样一个广告——电子版《经济学人》杂志定价为59美元，纸质版《经济学人》杂志定价为125美元，电子版+纸质版《经济学人》杂志定价为125美元。也就是说，纸质版《经济学人》杂志和"电子版+纸质板"《经济学人》杂志的价格居然是一样的！丹想知道该杂志这样定价的原因，但没有人告诉他。于是，他在麻省理工学院对100个学生进行了试验，自己找到了答案。当他将包含了3个价格的广告交给学生选择时，学生们都选了"电子版+纸质版"的组合价格；而当他将看上去"毫无用处"的第二个价格（纸质版《经济学人》杂志的定价为125美元）删掉时，学生们都倾向于选择订购价格最低的电子版《经济学人》杂志——也就是说，第二个价格并非真的"毫无用处"，它会让第三个价格看上去非常划算，从而促使人们选择它。

（资料来源：苏朝晖．市场营销从理论到实践．人民邮电出版社）

6.3.3　折扣定价策略

企业为了鼓励消费者及早付清货款、大量购买、增加淡季购买或配合促销，常常给予消费者一定的价格折扣和折让。折扣定价的形式有以下五种。

1. 现金折扣

现金折扣是指企业对及时付清货款的购买者的一种价格折扣。例如，"2/10 净30"，表示付款期是30天，如果在成交后10天内付款，给予2%的现金折扣。许多企业习惯采用此法以加速资金周转、减少收账费用和坏账。

2. 数量折扣

数量折扣是指企业给那些大量购买某种产品的消费者的一种折扣，以鼓励消费者购买更多的货物。大量购买能使企业降低生产、销售等环节的成本费用。例如，消费者购买某种产品100单位以下，每单位10元；购买100单位以上，每单位9元。

3. 功能折扣

功能折扣又称交易折扣，是指制造商给予中间商的一种额外折扣，以促使中间商执行某种市场交易功能，如推销、储存、服务等。

4. 季节折扣

季节折扣是指企业给那些购买过季产品的消费者的一种减价，以鼓励消费者在淡季仍能购买产品，使企业的生产和销售一年四季都能保持相对稳定。例如，啤酒生产企业会对在冬季进货的客户给予大幅度让利，羽绒服生产企业则为在夏季购买其产品的客户提供较大折扣。

5. 让价策略

让价策略是指企业根据具体情况来确定让价比例。例如，对电视、洗衣机等可以旧换新的产品给予价格折让；消费者付钱时，给予尾数减免折让；生产企业给予参加促销活动的中间商一定减价、津贴以作为报酬，用于鼓励中间商宣传产品、扩大产品的销售。

🧩 小贴士

20世纪90年代中期，美国的零售商研究出一种营销方法，后来人们将该方法称为模糊营销法。该方法的目的就是通过一系列花样繁多的优惠、打折及赠送奖品的活动来淡化消费者过于注重价格的心理。营销计划制订者可以每天或每星期推出特价销售，而并不会对盈利能力造成影响。模糊营销法特别受知名品牌的青睐，这是因为与通过在价格基础上的"货比三家"相比，消费者更可能依照品牌的知名度来做出选择。

(资料来源：连漪. 市场营销管理. 国防工业出版社)

6.3.4 产品组合定价策略

当企业同时经营多种产品时，定价要着眼于整个产品组合的利润以实现利润最大化，而不是仅着眼于单个产品的利润，具体的做法有以下几种。

1. 产品线定价

通常，企业开发出来的是产品大类，即产品线，而不是单一产品。在定价时，首先确定某种产品价格为最低价格，它在产品线中充当招徕价格，吸引消费者购买产品线中的其他产品；其次，确定产品线中某种产品为最高价格，它在产品线中充当品牌质量象征和收回投资的角色；再次，产品线中的其他产品也分别依据其在产品线中的角色不同而制定不同的价格。如果是由多家企业生产经营时，则共同协商以确定互补产品价格。选用互补定价策略时，企业应根据市场状况，合理组合互补产品价格，使系列产品有利销售，以发挥企业多种产品整体的组合效应。

例如，某洗衣机生产企业可以为洗衣机分3个价格档次：1 600元、3 200元、5 600元，消费者会比较高、中、低不同质量水平，在这3个价格档次上进行选择。

2. 任选品定价

很多企业在提供主要产品的同时，还会提供与主产品密切相关，又可独立使用的产品或服务。例如，汽车上的报警器，自行车的车篮、车锁，餐厅里的酒水等。企业可将选购品的价格定得很低以吸引消费者，也可定得很高来获取利润。

3. 附带产品定价

附带产品又称互补产品，是指必须和主产品一起使用的产品，如手机的电池、照相机的胶卷、计算机的软件、剃须刀上的刀片等。企业往往将主要产品的价格定得较低，将附带品的价格定得较高，通过低价促进主要产品的销售，以此带动附带产品的销量。

19世纪末，剃须刀品牌"吉利"的创始人金·吉利发现，由于售价过高，传统的一副刀架加若干刀片组成的套装产品难以被消费者普遍接受，于是他将吉利刀架定为55美分的价格，低于成本价来单独出售，亏损从搭配的刀片中来弥补。一副刀架一年平均要更换25片刀片，大量来自刀片的收益让吉利的利润飞速增长。由于消费者的首次支出大为降低，这种收费方式也迅速被消费者接受。

4. 副产品定价

在生产加工食用肉类、石油产品和其他化学产品的过程中，常常有副产品。如果这些副产品对某些客户群具有价值，则必须根据其价值定价。副产品的收入越多，越有利于企业将其主要产品的价格定得较低，以便在市场上增加竞争力。

案例5 **可口可乐公司的"变废为宝"**

为了生产易橙（Simply Orange）、美汁源（Minute Maid）及其他品牌橙汁，可口可乐公司及其巴西果汁合作商Cutrale公司需要大量橙子。这两家公司平均每年从佛罗里达州的果农那里购买5 000万箱橙子以生产橙汁，同时也会产生很多橙子皮。然而，可口可乐公司和Cutrale公司并没有花钱去处理这些橙子皮，而是把它们变成值钱的副产品。其实，橙子的每一部分都有用处。例如，可从橙子皮中提取精油，将其装瓶后可以卖给食品调料商或清洁剂生产商，而将剩下的物料压缩后再卖给养殖场做牲畜的饲料。甚至你在超市所购买的易橙果汁的瓶子都有可能是用橙子皮制造的。可口可乐公司新近研发的bio-PET Plant瓶子所使用的原料就是橙子皮和其他食品生产商的副产品。

（资料来源：加里·阿姆斯特朗，菲利普·科特勒，王永贵. 市场营销学.
中国人民大学出版社）

---

5. 组合产品定价

企业经常以某一价格出售一组产品，如出售化妆品、计算机、家具、厨具的商家，他们为消费者提供一系列活动方案，从而使一组产品的价格低于单独购买其中某一产品费用的总和。因为消费者可能并不打算购买其中所有的产品，所以商家制定的组合产品价格较低，以此来推动消费者的购买。

➥ 6.3.5 地区定价策略

地区定价策略是指企业根据产销地的远近、交货时间的长短和运输费用的分担所制定的不同的价格策略。具体做法有以下几种。

1. 原产地价格

原产地价格又称装运港船上交货价格（Free On Board，FOB），是指消费者在产地按

出厂价购买产品，卖主负责将产品运至消费者指定的运输工具上，交货前的有关费用由卖方负担，交货后的运费、保险费等由买方负担。我国的进口业务多选择这种方式。

2. 买主所在地价格

买主所在地价格又称成本加运费加保险价格（Cost，Insurance and Freight，CIF）。这种策略与前者相反，企业的产品不管卖向何方，也不管买方路途的远近，一律实行统一运送价格，即把产品运到买方指定的目的地。到达目的地前的一切运费、保险费等费用均由卖方负担。这种策略使卖方的风险变大，但利润也大。我国的出口业务多选择这种方式。

3. 统一交货价格

卖方针对不同地区的消费者采取统一定价的方法，也就是在出厂价格基础上加上到各地的平均运费的定价策略。这种定价方法比较受较远地区消费者的欢迎，但是容易让较近地区的消费者感到不公平。

4. 分区运送价格

分区运送价格是买方所在地价格的一种变化形式，是指把整个市场划分为几个大的价格区域，在每个区域内实行统一价格。原材料和农产品通常实行此种价格策略。

5. 运费免收价格

运费免收价格是指卖方对距离远的买方给予适当的价格补贴，以补偿买方较高的运输费用。也有的企业实行运费全免定价，即无论消费者的距离远近，卖方都负担全部运费的定价方法。这种方法有助于企业在竞争激烈的市场上赢得更多消费者。

6.3.6 差别定价策略

差别定价策略是指根据环境的不同，对同种产品制定不同的价格，以适应消费者的不同要求。具体做法有以下几种。

1. 消费者差别定价

消费者差别定价是指针对不同的用户或顾客，制定不同的价格。例如，对老客户和新客户、会员顾客和非会员顾客、女性和男性、儿童和成人、残疾人和健康人、学生和非学生等，分别采取不同的定价。例如，在"六一"到来之际，企业为了促销儿童用品，规定凡"六一"这天出生的 14 岁以下的儿童，购买本企业产品均实行半价优惠，非"六一"这天出生的儿童就无法享受这种优惠。不过，消费者差别定价在有些国家会受到法律对"价格歧视"的限制。

2. 空间差别定价

空间差别定价是指相同产品按照不同的销售地点采用不同的价格。空间差别定价的原因是：各个地区产品的运输和中转费用不同；各个地区有不同的生活习惯、文化背景和社会心理。因而，同一产品在不同地区有不同的需求弹性。

3. 时间差别定价

时间差别定价是指对相同的产品按需求时间的不同而制定不同的价格。例如，电影院在白天和晚上的票价有区别，旅游业在旺季和淡季制定不同的价格。流行产品在流行初期借助轰动效应定高价，流行期过后，为了产品尽快脱手，价格必须逐渐降低，甚至大幅度降低。

4. 产品形式差别定价

产品形式差别定价是指对同样质量、同样成本，但却不同花色、不同款式、不同包装的产品制定不同的价格。

5. 服务部位差别定价

服务部位差别定价是指对同一类服务的不同服务部位定不同的价格。例如，火车卧铺的上、下铺的票价是不同的。

6. 用途差别定价

用途差别定价是指同一种产品，因其用途不同，也可以制定不同的价格，以鼓励或限制某一种需求。例如，电价对工业用户与居民用户有所不同，工业用水、浇灌用水和居民用水的收费往往有别。这种定价策略的目的是增加新用途、开拓新市场。

差别定价要符合法律政策，并且不能引起消费者的不满。

➘ 6.3.7 定价调整策略

企业在定价之后，由于市场供求和竞争情况的变化，经常要调整价格。对于经营者来说，在不断变化的市场环境中，要利用价格吸引消费者。具体做法有以下几种。

1. 产品降价策略

经营者采取降价措施时，应注意降价的幅度、降价的频率和降价时机的选择。

（1）降价幅度要适宜。降价幅度过小，不能引起消费者的注意和兴趣，起不到降价的效果；降价幅度过大，则会引起消费者对产品质量的疑虑，同样达不到降价的目的。因此，消费者对降价客观存在一个知觉阀限，企业降价应在此阀限范围内。根据经验，消费者对价格降低10%~30%，能正常知觉和理解。当然，这一知觉阀限依产品特性及经济环境的不同而有差异。

（2）降价不宜过频。为避免由于产品价格降低幅度把握不准而造成多次降价，使消费者产生不信任的心理效应，必须保持降价后的价格相对稳定。

（3）准确选择降价时机。对于流行性产品，当流行高峰一过就要马上采取降价策略，否则，失去时机后即使降价也难以收到预期效果。对于季节性产品，如果在旺季中仍然库存过大，则应立即采取适当的降价措施。对于一般性产品，降价的最佳时机为进入成熟期后的峰点临近时，因为此时消费者对产品评价尚高，降价有可能刺激需求使峰点后移，延长成熟期。

2. 产品提价策略

无论什么原因造成的提价对消费者利益总是不利的。因此，必须注意消费者的心理反应，采取合适的提价策略。

（1）对于因成本上升而造成的提价，要尽量降低提价幅度，同时努力改善经营管理水平，减少费用开支。

（2）对于因供不应求而造成的提价，要在充分考虑消费者承受能力的前提下，适当提价，切忌哄抬物价招致消费者报怨。

（3）因国家政策调整而提高产品价格时要多做宣传解释，以消除消费者的不满情绪，并积极开发替代品，以更好地满足需求。

（4）因经营者为获利而提高价格时，要做好销售服务，改善销售环境，增加服务项目，靠良好的声誉适量提价。

3. 根据产品的生命周期调整价格策略

根据生命周期理论，产品从进入市场到从市场上被淘汰将经历投入期、成长期、成熟期、衰退期4个阶段，每个阶段的市场需求特征和竞争状况不同，要求企业采取不同的营销策略，企业的定价目标、定价方法也要相应做出调整。

（1）投入期的价格策略。在产品刚刚投放市场的最初阶段，消费者对该产品缺乏了解，企业要花大气力进行市场的开拓工作。就价格策略而言，可以根据产品的市场定位而采取高、中、低三种价格策略。

（2）成长期的价格策略。随着消费者对新产品的逐渐了解，产品的销售会有较快增长，竞争者陆续加入。企业应根据市场增长和竞争情况而在适当的时机调整价格。成长期企业营销的重点是扩大市场占有率，加强企业的市场地位和竞争能力，因而通常的做法是在不损害企业和产品形象的前提下适当降价。

（3）成熟期的价格策略。该阶段的定价目标多为维持原有的市场份额、适应价格竞争。随着改良产品的出现，企业要为原有产品重新定价。总体而言，成熟期的价格策略多呈现降价的特点。

（4）衰退期的价格策略。随着市场的进一步饱和、新产品的出现，消费者的兴趣开始转移，经过成熟期的激烈竞争，价格已降至最低水平。这一阶段的价格策略主要以保持营业作为定价目标，通过更低的价格，一方面驱逐竞争对手，另一方面等待适当时机退出。

案例6 "斗士品牌"

公司可以推出低价的"斗士品牌"（fighter brand）——向生产线中，增加低价的产品项目或创建一个独立的低价品牌。如果正在失去的特定细分市场是价格敏感型的，而且不会对较高的质量做出反应，那么推出低价的"斗士品牌"就是必要的。星巴克公司收购Seattle's Best Coffee时就是这样做的。Seattle's Best Coffee是一个服务于工薪阶层的品牌，与星巴克品牌更专业、高品质的诉求相比，强调的是"可获得的高品质"。Seattle's Best Coffee的价格比母品牌星巴克咖啡便宜。因此，在零售业，Seattle's Best Coffee可以通过特许经营店和与赛百味、汉堡王、AMC影院、皇家加勒比国际游轮等品牌的合作伙伴关系来与唐恩都乐、麦当劳和其他大众优质品牌展开直接竞争。在超市的货架上，Seattle's Best Coffee与超市自有品牌和其他大众优质咖啡进行竞争。

（资料来源：加里·阿姆斯特朗，菲利普·科特勒，王永贵. 市场营销学. 中国人民大学出版社）

4. 消费者对价格变动的反应

企业无论是提价还是降价，都会影响消费者、竞争者、经销商和供应商的态度，其中消费者的反应是最直接的。

消费者对降价可能有以下几种看法。

（1）产品过季或过时。

（2）产品有缺点，销售不畅。

（3）企业经营困难。

（4）价格还要进一步下跌。

消费者对提价的反应可能有以下几种。

（1）产品很畅销。

（2）产品有所改进。

（3）卖主想赚取更多的利润。

因此，企业应密切关注消费者对调价的反应，及时对价格做出进一步调整。

5. 竞争者对企业变价的反应

价格的变动不仅对购买者产生一定的影响，对于同行竞争者也会产生重要影响。对此，企业应研究竞争者的财务状况、生产能力、竞争目标及销售状况等来应对价格的变化。如果竞争者的目标是提高市场占有率，就可能随本企业的价格变动而调整价格；如果竞争者的目标是利润最大化，就会采取如增加广告预算、加强广告促销或提高产品质量等手段。

6. 企业对竞争者变价的反应

在同质产品市场上，如果竞争者提价，且提价对整个行业有利，那么其他企业也会随之提价；如果竞争者降价，企业必须随之降价，除非企业能突出本产品特色而维持原价，否则，消费者会转而购买竞争者的产品。

在异质产品市场上，价格高低对竞争影响较低，因为消费者在选择产品时，除价格外还会考虑如质量、性能、外观、服务等因素，企业对竞争者变价会有更多选择余地。

练习与实训六

一、判断题（正确的打"√"，错误的打"×"）

1. 定价是一门科学，也是一门艺术。 （　　）

2. 企业定价的唯一目标是追求利润最大化。 （　　）

3. 产品价格除受成本影响外，还受市场需求的影响。 （　　）

4. 理解价值定价法的关键是企业必须对产品的价值有正确的理解。 （　　）

5. 剧场定价时，考虑到前排与后排的视听效果，因而实行不同的价格方法为差别定价法。 （　　）

二、选择题

1. 现在许多超级市场经常推出"特价""惊爆价"产品，这属于（　　）策略。

A. 声望定价　　　　B. 招徕定价　　　　C. 尾数定价　　　　D. 习惯定价

2. 在一般情况下，下列产品中，除（　　）外，均不适合采用成本加成定价法。

A. 商品房　　　　B. 电冰箱　　　　C. 糕点　　　　D. 服装

3. 撇脂定价策略是指在新产品刚刚投入市场时，制定（　　）的价格。

A. 较低　　　　B. 较高　　　　C. 中等　　　　D. 不变

4. 因产品价格或消费者收入等因素引起需求的相应变动叫（　　）。

A. 需求弹性　　　　B. 价格弹性　　　　C. 供求弹性　　　　D. 价值弹性

5. 价格调整的主要形式有（　　）两种。

A. 降价　　　　B. 重新定价　　　　C. 提价　　　　D. 进行价格组合

三、简答题

1. 企业实施定价的基本方法主要有哪些？

2. 竞争导向定价法主要有什么形式？

3. 新产品定价策略有哪些？

4. 折扣定价策略主要有哪些方式？

四、案例分析题

凯特比勒公司的定价

凯特比勒公司是生产和销售牵引机的一家公司，该公司的定价方法十分奇特。通常，牵引机的价格在20 000美元左右，然而该公司却卖24 000美元，虽然一台机器的价格高出4 000美元，却卖得更多。

当消费者上门询问为何公司的牵引机要贵4 000美元时，该公司的经销人员给消费者算了一笔账。

20 000美元是与竞争者同一型号的机器价格。

3 000美元是产品更耐用而多付的价格。3 000美元是产品可靠性更好而多付的价格。2 000美元是公司服务更佳而多付的价格。28 000美元是上述总和的应付价格。4 000美元是折扣。

24 000美元是最后价格。

凯特比勒公司的经销人员使目瞪口呆的消费者相信，他们付24 000美元就能买到28 000美元的牵引机，从长远来看，购买这种牵引机的成本比一般牵引机的成本更低。

议一议：凯特比勒公司采用的是什么定价法？为什么消费者认为该价格是合理的价格？

五、课外实践

1. 在学校附近调研一家大型超市，该超市采取了哪些折扣定价策略？

2. 从你的自身经历和体验出发，探讨一下消费者对产品价格调整的反应。

项目七　建立销售渠道

知识要点

◎ 掌握销售渠道的概念和类型

◎ 了解销售渠道的功能和模式

◎ 了解中间商的类型

能力要点

◎ 正确选择合适的销售渠道

◎ 对销售渠道进行设计和管理

茶颜悦色于 2013 年创立于长沙，是长沙目前最受欢迎的茶饮品牌，其在长沙的店面数已达几百家，其销售策略主要包括三个方面：一是深耕区域；二是密集开店；三是只做直营。

深耕区域。与其他品牌挤破头也想要抢占一线城市市场的套路不同，茶颜悦色反其道而行，稳扎稳打扎根长沙，把地域局限转化为自身特色，将劣势转化为优势。茶颜悦色打造出"只有在长沙才能喝到的奶茶"这种销售策略，既能让本地消费者有一种地域文化的自豪感，也会让外地消费者产生强烈的好奇心。在自媒体时代，这种主打本土化的品牌将不断在社交媒体上传播，通过区域基层营销刺激消费者的购买欲望。在微博、小红书等社交媒体上，很多网友都在分享自己专门为喝茶颜悦色的产品去往长沙旅游的经历。茶颜悦色深耕长沙的做法还带动了长沙旅游业的发展。

密集开店。在长沙，茶颜悦色采用了密集销售策略，即在中心商圈及人流密集处，大量开设直营店。对于茶颜悦色，"十米一家，一街十店"的说法毫不夸张。茶颜悦色的门店都不大，以十几平方米的档口店为主，无论是在街头巷角，还是在大型商圈，茶颜悦色都有分布。这种密集型布局不仅能有效提高品牌曝光度，还能降低空间及运营成本，便于统一管理。

（资料来源：苏朝晖．市场营销从理论到实践．人民邮电出版社）

从上面的案例可以看出，分销渠道承担的职责：将所要销售的产品准确、快捷、方便、经济地送达消费者手中。企业所拥有的渠道资源已经成为参与市场竞争、获取竞争优势的关键资源。

任务一　认识销售渠道

人走路需要人行道，车行驶需要车道，飞机航行需要航道。同样，产品的流通也需要销售渠道。产品生产出来以后，很多企业都是通过中间商将其销售给消费者的，这一系列的中间商就形成了企业的销售渠道。销售渠道是企业赖以生存的关键，在麦卡锡提出的 4P 营销组合决策中，最值得研究、最有挑战性、最变化多端的非销售渠道决策莫属。营销大师科特勒就曾将销售渠道决策称为"企业面临的最复杂、最富有挑战性的决策"。难怪营销人常常形象地将"左手抓广告，右手抓渠道"和"得渠道者得天下"这两句话挂在嘴边。

➥ 7.1.1　销售渠道的概念

销售渠道又称分销渠道，是指产品从生产者向消费者或用户转移过程中所经过的一整套机构或途径。在现代社会中，大部分生产企业并不是

> 销售渠道是指某种货物或劳务从生产者向消费者移动时，取得这种货物或劳务的所有权的企业和个人。
>
> ——〔美〕菲利普·科特勒

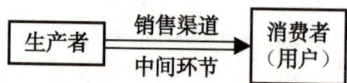

图 7-1　销售渠道

把产品直接销售给最终消费者或用户，而是借助一系列中间商来实现的。所以，销售渠道的起点是生产者，终点是消费者，中间环节包括批发商、零售商、代理商及储运商等，由他们构成了产品的分销渠道。销售渠道如图 7-1 所示。

？ 某企业在经营过程中，经常要和一些运输公司、仓储公司打交道，他们是不是销售渠道成员呢？

➥ 7.1.2　销售渠道的功能

作为市场营销策略组合的 4 个基本要素（4P）之一，销售渠道能够使企业的产品顺利送达消费者手中，实现产品的自身价值，完成"最后的惊险的一跃"。除将产品或服务传递到消费者或用户手中这一基本功能外，销售渠道还具有以下几个方面的功能。

1. 销售渠道减少了市场中交易的次数

在交易中，通过销售渠道的中间商（批发商、零售商等）实现集中采购与配送，从而减少了市场中交易的次数，提高了交易的效率。

例如，10 个消费者直接从 4 个供应商处购买产品，交易次数为 40 次，如果通过 1 个中间商间接销售，则交易次数降为 14 次，比直接方式的交易次数降低了 65%。显然，供应商和消费者的数目越多，中间商的作用越明显。

2. 专业化的销售渠道设置使分销成本最小化、交易规范化

专业化是提高销售效率最基本的驱动力。在实际业务中，某些专业企业（第三方物流组织）因为能比其他企业更好地承担基本功能，从而提高销售渠道中的物流运作效率。同时，对交易的规范化处理可以加强销售渠道中成员的合作、提高销售渠道效率。

3. 销售渠道为买卖双方搜索市场资源提供了便利

在市场环境中，买方试图满足自己的消费需求，而卖方（制造商）则想要预测并抓住这些需求信息，如果这一双向"搜索"过程能成功进行，需求信息就能适时高效地流动，那么对买卖双方都是有利的。销售渠道中的中间商分别按不同的行业进行组织，并向各自的市场提供相关市场信息，从而为买卖双方提供了便利，并降低了销售渠道中的相关成本，如销售成本（因为充足的市场信息降低了交易次数）、运输成本、库存成本、订单处理成本、消费者服务成本等。

总之，销售渠道的作用在于使产品从生产者转移到消费者的整个过程顺畅、高效，消除或缩小产品供应和消费需求在时间、地点、产品品种和数量上的差异，其本质是为消费者创造价值。

📌 小贴士　　　　　　　　　　　　　　**销售渠道的作用**

销售渠道的主要作用包括以下几个方面。

（1）调研：制订计划和收集进行交换时所必需的信息。

（2）促销：进行关于所供应货物的说服型沟通。

（3）接洽：寻找可能的购买者并与其进行沟通。

（4）匹配：使所有的货物符合购买者需要，包括制造、装配、包装等活动。

（5）实体分配：从事产品的运输、储存等。

（6）谈判：为了转移所供货物的所有权，而就其价格及有关条件达成最后协议。

（7）财务：通过对资金的取得与使用，来补偿渠道工作的成本费用。

（8）风险承担：承担与从事渠道工作有关的全部风险。

7.1.3 销售渠道的模式

在现实经济生活中，产品从生产领域进入消费领域有多种多样的途径，而且不同行业、不同产品的销售渠道往往不同。若按消费品和工业品来划分，有以下一些基本模式。

1. 消费品的销售渠道模式

消费品由于其消费者的分散性、多样性，一般要经过零售环节。消费品的销售渠道如图 7-2 所示。

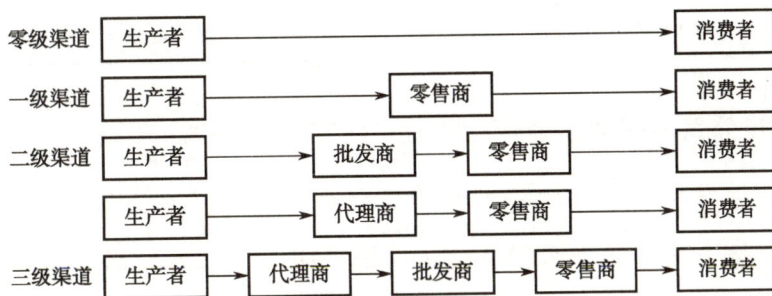

图 7-2　消费品的销售渠道

2. 工业品的销售渠道模式

工业品的使用者主要是产业用户，他们每次交易量大、价值高、体积大。所以工业品的销售渠道的基本要求是：环节尽量少，渠道尽可能短，一般不经过零售环节。工业品的销售渠道如图 7-3 所示。

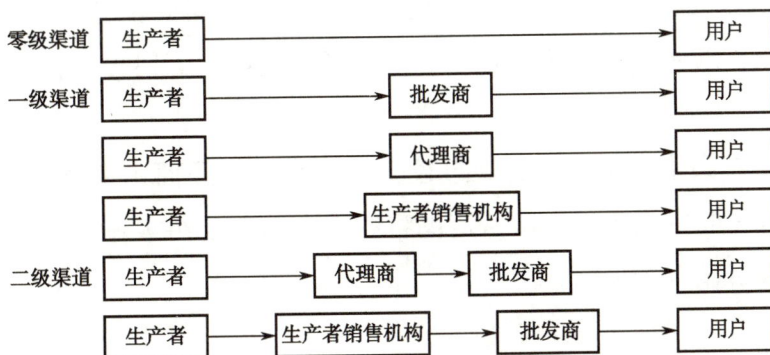

图 7-3　工业品的销售渠道

7.1.4　销售渠道的类型

销售渠道有两种分类方法。

1. 直接渠道和间接渠道

（1）直接渠道又称零级渠道，是指生产企业不通过流通领域的中间环节，采用产销合一的经营方式，直接将产品销售给消费者的渠道。直接渠道是工业品销售的主要方式。直接渠道也是最短的渠道。

（2）间接渠道又称多级销售渠道，是指产品在从生产领域进入消费领域前，须经过若干中间商的销售渠道，是一种多层次机构的销售渠道，是被采用得最为广泛的一种渠道模式。大约80%的消费品和20%的工业品采用间接渠道。间接渠道中如果中间商只有一个则称为短渠道；如果中间商多于一个则称为长渠道。直接渠道和间接渠道的区别如表7-1所示。

表 7-1　直接渠道和间接渠道的区别

类　　　型	中间商	产销关系	适用产品
直接渠道	无	产销合一	鲜活产品、体大笨重产品
间接渠道	有	产销分离	日用消费品

案例 1　星巴克公司不开放加盟

星巴克公司是世界排名第一的品牌咖啡连锁公司。在全球，有几千家星巴克咖啡店。星巴克公司为这些咖啡店根据不同的市场情况确定了4种形态的经营模式——独资自营模式、合资公司模式、评可协议模式、授权经营模式。无论是上述哪一种经营模式，星巴克公司总部都有权直接介入各咖啡店的经营管理，而且各咖啡店的设计、设备、物品、装修等的任何硬件都由位于美国的星巴克公司总部提供。这么做的目的是与星巴克公司总部的精神、风格统一，并保证星巴克公司的产品及服务质量达到其所要求的标准。所以，无论在世界的任何地方，星巴克公司总部均不同意对外开放任何加盟业务。

2. 宽渠道和窄渠道

（1）宽渠道。宽渠道是指生产商通过较多的同类型中间商销售其产品，销售面广泛。例如，饼干生产商可以通过食品店、超市、大卖场、便利店等很多零售店将饼干出售给消费者。

（2）窄渠道。窄渠道是指生产商通过较少的同类型中间商销售其产品，销售面狭窄。例如，汽车的销售一般由汽车生产商认定的特约汽车销售公司实施销售行为，因此汽车的销售点对消费者来讲显得较少。

宽渠道和窄渠道的区别如表7-2所示。

表7-2 宽渠道和窄渠道的区别

类 型	中 间 商	销 售 面	适用商品
宽渠道	较多	广泛	必需品
窄渠道	较少	狭窄	专业用品

企业在选择销售渠道中间商数目时，通常有以下三种情况。

独家分销：制造商在某一地区严格地选择一家最适合的中间商经营本企业产品或服务。通常双方协商签订独家分销合同，规定独家中间商不得经营竞争品牌，这样可以使制造商对中间商进行有效的控制。采用这种策略，有利于生产者控制市场和价格，激发中间商经营的积极性，提高企业形象。但也存在一定风险，如果中间商选择不当，会给企业在这一地区的销售活动带来很大的损失。这种销售方式适用于特殊产品及使用方法比较复杂且要提供售后的产品，如电梯、中央空调等。

2007年8月16日，美国第三大PC厂商Gateway公司与中国最大的IT分销商神州数码公司在北京举行签约仪式，宣布Gateway公司正式进入中国，神州数码公司成为Gateway公司产品在中国市场的独家经销商。

选择分销：生产者在一定市场区域内选择一些愿意合作且条件较好的中间商来销售自己的产品，借以提高产品形象、加强推销力度、增加产品销量。这种策略适用于所有产品，但相对来说，对于耐用和高档消费品更适合，如电视、洗衣机等。

"李宁"服饰在全国每个地市（包括县城）只精心挑选愿意经销"李宁"服饰的少数几家中间商加盟，这样既统一了"李宁"品牌的企业形象和产品形象，有利于实施市场控制和节约渠道建设成本，又可以在耐克、阿迪达斯、安踏、锐步等品牌的夹缝中稳步前行。

广泛分销：又称密集分销，是指生产者利用尽可能多的中间商销售自己的产品，使广大消费者都能及时、方便地买到所需产品。这种分销战略有利于市场渗透和扩大销售，比较适合消费品中的便利品和不宜长期存放的产品，如洗衣粉、饮料、水果等。

在咽喉药品市场上，广西"金嗓子"喉宝以6亿元人民币的年销售收入和30%的市场份额稳居市场龙头老大的位子。广西"金嗓子"喉宝进入旅游点、机场、车站、商场、药店等便利店，渗透到千家万户。广西"金嗓子"喉宝选择的就是宽渠道的广泛分销。

? 销售渠道的环节和层次越多，越难控制，是否意味着销售渠道越短越好？

任务二 认识中间商

相信大家经常会听到"经销商""批发商""零售商""代理商"等词汇，那么你是否了解它们的真正含义，以及它们之间的联系呢？在本节里我们就将讲解这些知识，你就会找到想要的答案。

➥ 7.2.1　中间商的概念

中间商是指介于生产者和消费者之间，专门从事组织或参与产品流通业务，促进交易行为完成的企业和个人。

➥ 7.2.2　中间商的分类

中间商可以按不同的标准进行分类。

1. 按照是否拥有产品所有权分类

（1）经销商。经销商是从事产品销售业务，在产品买卖过程中拥有产品所有权的中间商。批发商和零售商都属于经销商。

（2）代理中间商。代理中间商是从事产品交易业务，接受生产者委托，但不拥有产品所有权的中间商。代理中间商又分为代理商和经纪人。

2. 按照在流通领域所处的环节不同分类

（1）批发商。批发商是指主要从事批发业务，为最终消费者以外的购买者服务的商业机构或个人。对生产者来说，通过批发商的购买，可以减少产品库存，加速周转；批发商还可以为生产者提供市场信息，帮助生产者促销产品。对零售商来说，批发商可以为零售商组合产品的花色、规格，便于其配货；批发商通过对产品的整理、分类和包装，方便零售商进货；批发商利用自身的仓储设施，减轻零售商的存货负担；批发商还可以为零售商提供各种支持，帮助其开展营销业务。

批发商的类型通常分为：商人批发商又称经销批发商，简称批发商，是指独立从事批发业务，并对其经营的产品拥有所有权的经销商，这是批发商的主要类型；还有一些是不拥有产品所有权的批发商，如经纪人和代理商，他们只执行批发职能：或受生产者委托，寻找购买者；或受需求者委托，与销售者联系。他们在买卖双方之间起媒介作用，为促成交易提供便利。

（2）零售商。零售商是直接面向最终消费者销售产品或提供相关服务的企业或个人，是分销渠道的最终环节和出口。零售商处于产品流通的最终环节，直接为广大消费者服务，企业产品借此从流通环节进入了消费领域。

零售商一般按业态进行分类，零售业态总体上分为有店铺零售和无店铺零售。有店铺零售是指有固定进行产品陈列和销售所需要的场所和空间，并且消费者的购买行为主要在这一场所内完成的零售业态。无店铺零售是指不通过店铺销售，由厂家或商家直接将产品递送给消费者的零售业态。

目前，国内外的零售商根据其经营特征可以分为专卖店、百货公司（或商场）、超级市场、购物中心、连锁商店、邮购商店等。

案例 2　盒马鲜生的分销

盒马鲜生是阿里巴巴公司对线下超市完全重构而成的新的零售业态，既是超市，也是

餐饮店，还是菜市场，并采用"线上外卖+线下门店"的经营模式。总之，盒马鲜生是结合"生鲜食品超市+餐饮+App电商+物流"的复合型商业综合体。

线上外卖业务端口为盒马App。盒马App中分为盒马外卖与盒马鲜生两个模块。其中，盒马外卖主打专业餐饮外卖；盒马鲜生主打生鲜配送，并保证消费者通过盒马App下单后，配送人员能在距线下门店5千米的范围内实现30分钟送达。

线下门店集合了展示、餐饮、仓储、分拣等功能，集"生鲜食品超市+餐饮体验+线上业务仓储配送"于一体。消费者可以在盒马鲜生的线下门店购买产品，且生鲜产品可以在线下餐饮体验区进行加工，从而消费者可即时享用或打包带走。

此外，阿里巴巴公司用四大新业态来补足盒马鲜生尚不能渗透的区域，它们分别是盒马菜市、盒马小站、盒马F2、盒马mini。这四种业态分别以不同的形态在不同的商圈和城市分区布局。盒马菜市重点布局于社区，主打更接地气的散称蔬菜，且不带有餐饮体验区，这是基于家庭消费最高频刚需的客观情况设置的。盒马小站主要开在盒马鲜生无法布局的区域，且只提供外送服务。盒马F2布局于办公楼商圈，有点像便利店，但更像一个速食餐厅。盒马mini最像盒马鲜生，是名副其实的缩小版盒马鲜生，面积约为500平方米。盒马mini主要布局于社区场景，主营业务是提供社区居民一日三餐所需食材，主要开在城乡接合部或物业设施不太完备的城市核心地带。

（资料来源：苏朝晖. 市场营销从理论到实践. 人民邮电出版社）

↘ 7.2.3 中间商的地位和作用

在产品由生产领域到消费领域的转移过程中，中间商起着桥梁和纽带的作用。由于中间商的存在，不仅简化了销售手续，节约了销售费用，而且还扩大了销售范围，提高了销售效率。中间商的作用主要体现在以下几个方面。

（1）促进产品交换。中间商作为生产者和消费者之间的流通中介，把生产者和消费者连接在一起，使产品供应和消费之间在时间、地点和所有权等方面的矛盾得以有效解决，促进产品交换。

（2）简化交易。例如，有3家制造商，每家都向3个消费者出售自己的产品，总计要发生"3×3=9"笔交易。而如果有一个中间商介入，则只要发生"3+3=6"笔交易。由于中间商的介入，减少了交易次数，节约了交易成本。

（3）扩大交易范围，促进销售。中间商熟悉市场，市场信息灵通，接触面广，从而为生产者联系更多的消费者。中间商以转移产品为基本业务，因此在经营过程中，会努力地将有关企业产品的信息通过各种促销方式传播给目标消费者和用户，以刺激需求，扩大产品销量。

（4）加快产品流转速度，保证市场供应，减少产品占用生产者资金。

（5）信息沟通是产品从生产者向消费者转移的重要条件。中间商连接产销双方，最了解市场状况，掌握市场信息，可以随时向生产企业和消费者传达信息，使产品适销对

路，既可以避免生产的盲目性，又能指导消费。

任务三　设计并管理销售渠道

有效的渠道设计应以企业所要达到的市场为起点。从原则上讲，目标市场的选择并不是渠道设计的问题。然而，事实上，市场选择与渠道选择是相互依存的。有利的市场加上有利的渠道，才可能使企业获得利润。

↳ 7.3.1　影响销售渠道设计的因素

影响销售渠道设计的因素如图7-4所示。

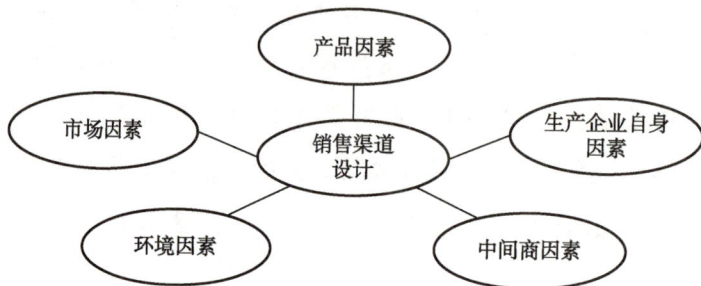

图7-4　影响销售渠道设计的因素

1. 产品因素

（1）价值大小。一般而言，产品的单价低，渠道就长而宽；反之，产品单价高，渠道就短而窄。

（2）体积与重量。体积过大或过重的产品应选择直接渠道或中间商较少的间接渠道。

（3）产品的自然属性。保质期短、易腐烂变质的产品（如水果、蔬菜、食品等）、易碎产品（如玻璃制品、瓷器）等，应采取短渠道；反之，则可选择长渠道。

（4）产品的时尚性和季节性。式样变化快、流行性强、季节性明显的产品，如高档玩具、时装、流行饰品等，宜采用短而宽的渠道；款式不易变化的产品，渠道可长些。

（5）技术性和售后服务。具有高度技术性或要经常服务与保养的产品，如飞机、电梯、精密仪器等，渠道要短。

（6）产品市场生命周期。产品在市场生命周期的不同阶段，对分销渠道的选择是不同的。投入期的新产品，销售难度大，中间商经销的积极性不高，可采用短而窄的渠道；进入成长期和成熟期的产品，可采用长而宽的渠道。

？ 哪些产品适合短渠道？哪些产品适合长渠道？

2. 市场因素

（1）潜在消费者的状况。如果潜在消费者分布面广，市场范围大，就要利用长渠道，

广为推销。

（2）消费者的集中程度。如果市场上消费者和用户比较集中，则可采用直接渠道、短渠道；若消费者和用户分布广阔，则宜采取长渠道、宽渠道。

（3）消费者的购买习惯。消费者最易接受的价格、对购买场所的偏好、对服务的要求均会直接影响销售渠道。

（4）竞争性产品。同类产品一般应采取同样的销售渠道，较易占领市场。但如果竞争者已经控制了某些销售渠道时，企业就要另辟销售渠道，避免与强手正面争夺市场。

（5）销量的大小。如果一次销量大，则可以直接供货，渠道就会短些；如果一次销量小就要多次批售，渠道则会长些。

在研究市场因素时，还要注意产品的用途和定位，这对选择销售渠道结构都是非常重要的。

3. 生产企业自身因素

（1）生产企业自身的资源条件。如果生产企业自身规模够大，财力够雄厚，声誉够高，则可以建立自己的销售网点，或者选择短渠道策略。

（2）经营能力与管理经验。如果企业具备市场营销所需的人才、设施、技术和经验，并具有经营能力和管理渠道的经验，则应选择直接渠道或短渠道；反之，则必须借助中间商，选择间接销售渠道。

（3）服务能力。如果生产企业有能力为最终消费者提供很多服务项目，如维修、安装调试、广告宣传等，则可以取消一些中间环节。

4. 中间商因素

（1）中间商对生产商的态度和要求。

（2）中间商的规模。如果大型零售商多，进货批量大，则生产者可以直接跟零售商交易，此时使用短渠道策略。

（3）中间商提供服务的能力。

5. 环境因素

渠道选择还要考虑政治、经济、科技、法律、文化等因素。例如，整个社会的经济形势好、发展快，销售渠道的选择余地就大；在经济萧条时，市场需求下降，生产者要控制销售费用，降低售价，常常会减少流通环节，使渠道变短而窄。又如，一些国家实施医药、烟酒专卖制度，这些产品的销售渠道就必须依法选择。某些按国家政策（如专卖制度、反垄断法规、进出口规定等）应严格管理的产品或计划分配的产品，企业无权自销和自行委托销售。此外，随着电子信息技术和网络技术的发展，电子商务逐步成为许多企业的渠道选择。

7.3.2 销售渠道的设计步骤

生产者在设计销售渠道时，必须在理想渠道与可用渠道之间进行抉择。渠道设计问题

可以从决策理论的角度加以探讨，一般来讲，要想设计一个有效的渠道系统，必须经过确定渠道目标、明确渠道交替方案、评估渠道交替方案等步骤。

1. 确定渠道目标

所谓渠道目标，是指企业预期达到的消费者服务水平及中间商应执行的职能等。渠道设计问题的中心环节是确定到达目标市场的最佳途径。每一个生产商都必须在消费者、产品、中间商、竞争者、企业政策和环境等的限制条件下，确定渠道目标。

2. 明确渠道交替方案

在确定渠道目标之后，渠道设计的下一步工作就是明确各主要渠道的交替方案。渠道的交替方案主要涉及两个基本问题：一是中间商的类型与数目；二是渠道成员的特定任务。

3. 评估渠道交替方案

销售渠道方案确定后，生产厂家就要根据各种交替方案进行评价，找出最优的渠道路线。通常，渠道评估有经济性、可控性和适应性三个标准，其中最重要的标准是经济性。

（1）经济性。

经济性主要是比较每个方案可能达到的销售额及费用水平。例如，比较由本企业推销人员直接推销与使用销售代理商哪种方式销售额水平更高；比较由本企业设立销售网点直接销售所花费用与使用销售代理商所花费用哪种方式支出的费用大等。企业对上述情况进行权衡，从中选择最佳分销方式。

（2）可控性。

一般来说，企业采用中间商可控性难度小些，直接销售可控性难度大些；长渠道的可控性难度大，短渠道的可控性难度小。企业必须进行全面比较、权衡，选择最优方案。

（3）适应性。

如果生产企业同所选择的中间商的合约时间长，而在此期间，其他销售方法如果更有效，但生产企业不能随便解除合同，这样企业选择分销渠道便缺乏灵活性。因此，生产企业必须考虑选择策略的灵活性，不签订时间过长的合约，除非在经济性或控制性方面具有十分优越的条件。

➥ 7.3.3　销售渠道的管理

销售渠道的管理能力是企业对销售渠道竞争力的体现，是打造品牌资产的基石。如何有效地对销售渠道进行管理对各商家来说不仅是一门学问，同时也是在激烈的市场竞争中克敌制胜的有效手段。

在销售渠道确定后，企业要对销售渠道进行管理。销售渠道的管理主要是指对间接销售渠道中的成员的管理，即对中间商的管理。销售渠道选择后就产生了相互联系、相互影响的渠道成员，因此销售渠道的管理包括选择渠道成员、激励渠道成员、评估渠道成员、调整渠道成员等内容。

1. 选择渠道成员

（1）中间商的地理位置。中间商的地理位置应当是最接近目标市场，消费者方便光顾的地方。

（2）中间商的信誉。信誉是企业的无价之宝。在选择中间商时，应对其资信情况、知名度进行认真审查，警惕不法分子的诈骗行为。

（3）中间商的资本实力。资本实力强的中间商通常能够及时地返还货款，从而可以加速企业资金流动。同时，中间商的资本实力也是其经营实力的标志之一。资本实力强的中间商通常能采用先进的商业技术和销售方式，市场营销能力和管理能力也较强。

（4）中间商的经营能力。中间商的经营能力是指中间商的市场覆盖面、业务人员的素质、目前经营状况、未来的销售增长潜力、提供服务的能力，以及储存、运输等设备条件。

（5）合作意愿。选择中间商，应选择具有强烈合作意愿和动机，愿意推销企业产品的中间商。

（6）与公众、政府及消费者的关系。良好的公众关系、政府关系、消费者关系是一个中间商生存和发展的重要条件，也是选择中间商的一个重要条件。

| 案例3 | 麦当劳与肯德基的特许经营 |

麦当劳公司至今已经在全世界的100多个国家和地区开设了3万多家餐厅，是目前世界上规模最大的特许连锁企业。麦当劳公司把最佳的地点一次性长期买断，然后建成统一标准的餐厅。这样，当一个人获得麦当劳加盟店的特许经营权的时候，每年他都要支付两笔费用：一笔是特许加盟费；另一笔是租金。

麦当劳加盟店必须严格按照总部规定的标准、规范的作业流程和服务规则进行经营。麦当劳公司坚持被特许者必须遵守其复杂的制度体系。麦当劳加盟店的操作手册重达2千克，极其详尽地描述了如何进行经营，包括以秒为时间单位计算烹饪和服务的时间。该手册还对每个员工的角色进行了详尽描述。被特许者要在麦当劳的"汉堡大学"经过几个月的现场培训后方可结业。一旦麦当劳加盟店投入运营，就会有一批地区顾问来协助被特许者。他们会对被特许者经营的麦当劳加盟店的运行状况进行经常性的、仔细的检查。

加盟麦当劳公司至少要具备五个条件：一要具备企业家的精神和强烈的成功欲望；二要有较强的商业背景，尤其是要具有处理人际关系和财务管理的特殊技能；三要愿意参加培训项目，并全力以赴；四要具备相应的经济实力与资格；五要拥有在麦当劳餐厅工作若干年以上的经历。

肯德基公司也将"特许经营"作为一种可利用的有效的方式以在全世界拓展业务。与麦当劳公司不同，肯德基公司目前在中国发展肯德基加盟店的方式是让被特许者出资购买一间正在运营并已赢利的连锁店。转让已经成熟的餐厅，对肯德基公司和被特许者来说是最稳健、最便捷的做法。被特许者不必由零开始，就可以较快地融入肯德基公司的运作

系统，这样可以极大地保障被特许者成功。

肯德基公司要求被特许者有从业背景，能很快掌握该行业的基本知识。想要加盟肯德基公司的候选人将被要求参加一个内容广泛的为期20周的培训项目。该项目包括餐厅经理、餐厅副经理如何管理、加盟、经营餐厅等课程。肯德基公司只有在对被特许者的组织机构、金融状况和项目计划完全满意的情况下，才会与被特许者合作。

2. 激励渠道成员

企业在选择确定了中间商之后，为了更好地实现企业的营销目标，促使中间商与自己合作，还必须采取措施以不断对中间商给予各种激励，以此来调动中间商经销企业产品的积极性，并通过这种方式与中间商建立良好关系。

（1）向中间商提供适销对路的产品。企业根据市场需求不断开发新产品，提高产品适销率，从根本上为中间商创造良好的销售基础。

（2）开展各种促销活动。企业应协助中间商开展各种促销活动，如广告宣传、活动布置，派人协助开展各种营业推广活动等。

（3）扶持中间商。扶持中间商主要包括三个方式：一是向中间商提供必要的资金支持或使用优惠的付款方式；二是向中间商提供信息情报及有关服务；三是协助中间商开展经营活动，如帮助中间商培训维修人员、活动策划、产品陈列等。

（4）与中间商结成长期的伙伴关系。企业要与中间商在长期合作过程中，互惠互利、利益均沾、共谋发展。

例如，某企业不直接支付给经销商25%销售佣金，而是按下列标准支付销售佣金：如果保持适当的存货，则付5%；如果能达到销售配额，则再付5%；如果能有效地为消费者服务，则再付5%；如果能及时报告最终消费者的购买水平，则再付5%；如果能对应收账款进行适当管理，则再付5%。

3. 评估渠道成员

生产企业除选择和激励渠道成员外，还必须定期评估他们的业绩。企业根据自己的营销目标，制定对中间商的考核办法，这通常包括积极性、销售额、增长率、市场占有率、平均存货水平、回款速度、宣传推广、服务水平、消费者满意度等。对企业有较大贡献的中间商，往往应成为企业合作的重点；对于绩效一般或低于企业要求的中间商，要找原因及补救办法，必要时，也可剔除绩效差的中间商来保证渠道的效能。评估渠道成员应遵循经济性原则、发展性原则、适应性原则和合作性原则。

4. 调整渠道成员

随着市场容量、消费者需求和产品生命周期的变化，企业要进行动态的调整，适当进行中间商的增减，整合优化配置与渠道创新等。

（1）增减渠道宽度。当发现现有渠道过少，不能使产品有效抵达目标市场而影响了产品的销路时，应增加新的渠道，即增加同一层次的中间商数目；反之，则应减少中间商，缩小渠道宽度。

（2）增减渠道长度。当生产企业在某目标市场上通过增减个别中间商并不能解决根本问题时，就会采取增减某一特定分销渠道的办法。例如，某饮料公司发现其经销商只注意成年人市场而忽视儿童市场时，为了促进儿童饮料市场的开发，就需要增加一条新的分销渠道。当企业产品市场扩大，而中间商销售范围变化不大时，就需要增长渠道。

（3）调整整个渠道结构。渠道为营销服务，当企业原有的渠道产生严重矛盾冲突或不能满足市场需要时，或者企业调整战略目标、营销组合发生重大变化时，就要对渠道进行重新的设计和组建了。

练习与实训七

一、判断题（正确的打"√"，错误的打"×"）

1. 一级渠道是一种最简便的、最短的渠道。 （　　）

2. 从生产者的角度来看，渠道级数越多，控制就越容易。 （　　）

3. 目标市场消费者每次购买量小、购买次数多的产品，销售渠道应较短。 （　　）

4. 对那些易腐、易过时的产品，应采取尽可能长的销售渠道。 （　　）

5. 宽渠道表示企业销售渠道的级数多。 （　　）

二、选择题

1. 广泛分销又称密集分销，是一种（　　）销售策略。

A. 长渠道　　　　　B. 短渠道　　　　　C. 宽渠道　　　　　D. 窄渠道

2. 对于日用消费品、方便产品，一般应采用的销售策略是（　　）。

A. 广泛销售　　　　B. 集中销售　　　　C. 独家销售　　　　D. 选择性销售

3. 对于新式汽车、高级时装，通常应采用的销售策略是（　　）。

A. 密集性销售　　　B. 独家销售　　　　C. 长渠道销售　　　D. 广泛销售

4. 既无产品所有权，又无现货，只在双方交易洽谈中起媒介作用的是（　　）。

A. 经销商　　　　　B. 代理商　　　　　C. 经纪人　　　　　D. 批发商

三、简答题

1. 零售商的类型有哪些？

2. 选择渠道成员应考虑哪些因素？

3. 激励渠道成员一般采用什么措施？

四、案例分析题

海尔公司的销售渠道建设

近年来，中国家电市场竞争异常激烈。在渠道建设方面，海尔公司有自己的独到之处，海尔公司通过自己的销售分公司——海尔工贸公司直接向零售商供货并提供相应支持，在各级城市建设自己的销售渠道与网络，并将很多零售商改造成海尔专卖店，构建一个属于自己的零售销售体系。在海尔公司的营销渠道中，专卖店和零售店是主要的销售力

量，海尔公司的销售政策也倾向于零售商。海尔公司以科学有效的制度和考核避免了窜货现象的发生，保证了专卖店、零售商和自身的正常盈利能力。同时，海尔公司还借助苏宁、国美等传统的家电连锁行业巨头销售自己的产品。

议一议：海尔公司采用了什么样的渠道销售模式？这种模式有什么优点和缺点？

目前，电商大战愈演愈烈，天猫、京东、苏宁易购等网上商城对传统的营销渠道构成了巨大的挑战，包括海尔公司在内的电器行业的渠道也受到了极大的冲击，生存压力不断上升。在此情况之下，海尔等部分家电企业开始建立自己的网上商城，并不断改进自身的服务水平，如24小时到货、超时免单等。尽管如此，由于实体店的租金、成本压力，许多企业还是陷入了困境，前景不容乐观。

议一议：在电商的冲击下，我国家电企业的销售渠道建设应如何改革？

五、课外实践

1. 调查一家小型连锁超市，了解他们的进货渠道。

2. 寻找一家采用独家分销的企业，并分析该企业为什么不采用其他方式？

项目八　开展产品促销

知识要点

◎ 了解促销及促销组合的概念

◎ 知道促销的手段有哪些及如何进行选择

◎ 熟悉各种促销策略

◎ 掌握广告、营业推广等促销活动的实施

能力要点

◎ 具有正确选择各种促销策略的能力

◎ 能分析和指导企业的促销活动

引例8——蒙牛举办"活力吃货节"

作为国内乳品企业的领先品牌，蒙牛在行业内一直保持良好的销售业绩和领先地位。2016年7月，蒙牛与大众点评网携手打造"活力吃货节"活动以推广其"优益C"产品。该活动期间，消费者可通过大众点评网参与游戏或分享该活动信息来积攒活力值，且当积攒的活力值达到5时便可参与抽奖，百分百获得红包。消费者可以在活动商铺使用领取的红包。

线上关联吃喝场景：

该活动期间，蒙牛借助大众点评网的美食点评平台属性和传播优势，在该点评网首页发放红包，以号召一群"吃货"参与到活动中来，并创新性地打造了一份人物测试题，使吃货标签具象化，把消费者关联到"油辣撑堵"的吃喝场景。该活动通过漫画形象增强记忆，促使消费者从测试中了解到"优益C"助消化利益点，潜移默化中给消费者上了一堂产品教育课。

线下强化产品理念：

蒙牛不仅在线上平台推销"优益C"，还在线下玩出新花样。蒙牛在多个城市打造"活力吃货节"美食街，以温馨的"优益C"的蓝色为主色，全方位植入产品，号召消费者参与该活动。并定制3亿瓶活动用的"优益C"，在瓶盖印上二维码，消费者在购买后可扫描该二维码领取该活动红包。不仅如此，借助大众点评网的商家资源，蒙牛邀请了全国24个城市超1 000家商铺参与该活动。该活动期间，消费者如果将与活动商铺展板合照上传至朋友圈，即可在现场凭朋友圈兑换一瓶"优益C"。这样就强化了"优益C"与场景的关联，使"优益C"从竞争产品中凸显出来。

目前，对于中国乳品企业来说，长期的特价销售及赠送礼品仍是最为常见的促销传统模式。而蒙牛的"优益C"能够打破传统模式，通过线上活动带动线下活动开展促销，使得品牌形象和产品功效深入人心，起到了良好的促销效果。

任务一　认知促销与促销组合

一说起"促销"，我们都不陌生，因为它就在我们的生活中，例如，我们买衣服时遇到的打折、特价活动，买日用品时遇到商家的赠送活动等。

8.1.1　促销的含义

促销是促进销售的简称，是指企业将有关产品的信息通过一定的方式传递给目标对象，以促进其了解、信赖、购买产品，从而达到扩大销量的活动。

促销可分为人员推销和非人员推销。非人员推销包括广告、营业推广和公共关系三种。促销对象既可以是最终消费者，也可以是中间商或企业内部销售人员。实质上，促销是企业与促销对象之间的一种信息沟通活动，即企业用来刺激促销对象以影响其态度和行

为的信息传递活动。

8.1.2 促销组合的含义

人员推销、广告、营业推广和公共关系是企业促销的四大手段，也是企业进行促销组合决策时首先要做出选择的要素。企业促销组合要素如图8-1所示。

促销组合是指企业根据促销需要，对人员推销、广告、营业推广和公共关系四大手段进行科学选择和有机配合。

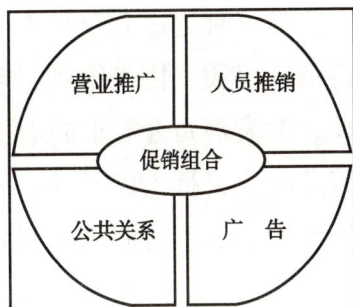

图8-1 企业促销组合要素

案例1　农夫山泉的促销策略

农夫山泉作为深受国人喜爱的饮用水品牌，连续多年保持着中国包装饮用水市场占有率排名的第一位。农夫山泉"天然、健康"的品牌形象也受到消费者的认可。可以说，农夫山泉的成功离不开其不断提高的促销手段。

农夫山泉一直重视广告宣传，在进入市场初期，就通过"农夫山泉有点甜"这句简单而有记忆点的广告语，使众多消费者了解了"山泉水"的特色。这条广告语通过对农夫山泉特殊口感的描述，提高了消费者对农夫山泉品牌的关注度。之后，农夫山泉又创作出"我们不生产水，我们只是大自然的搬运工"等脍炙人口的广告语，着重强调其品牌饮用水的安全性，进一步在消费者心目中建立了健康、纯天然、弱碱性水的产品形象。

农夫山泉作为全国饮用水品牌中的领导者，也积极承担起社会责任。2003年，农夫山泉陆续捐赠1 000万元人民币，用于赞助"中国载人航天工程"；2008年，当汶川地震发生后，农夫山泉在第一时间加入抗震救灾的救援活动中，从全国紧急调配180万箱饮用水发往灾区，抗震救灾期间累计向灾区捐赠2 500余万元人民币的物资和资金；2017年，农夫山泉又与红鼻子基金会合作，以"戴上红鼻子，快乐做公益"为主题，为中国贫困山区的孩子送去了25万份免费午餐……农夫山泉通过这些公益性活动在极短的时间内提高了消费者对品牌的关注度，不少消费者在谈及农夫山泉时，不只想到了它的天然水源地，还会想到它积极履行社会责任的品牌形象。

另外，为了提高销量，农夫山泉也常常开展促销活动。例如，消费者在农夫山泉网络平台一次性购买10张桶装水的水票，即可获得两瓶4升天然水；消费者在办理会员卡后，每次消费即可获得一定比例的积分，当积分达到一定数量后可兑换相应的礼品。农夫山泉为了让消费者享受更多优惠，不定期开展线上、线下活动。这些活动大大提升了消费者对农夫山泉的消费热情。

人员推销是一种旨在说服可能成为购买者的个人或组织购买企业产品的活动，着眼于信息的双向沟通和面对面的情感交流。促成大宗的买卖、推销性能复杂或价值较高的产品都需要推销员与买方之间的沟通协商，需要推销员付出更多的努力。人员推销这种和消费

者面对面互动交流的方式常常能带来明显的促销效果，是其他促销手段所不能替代的。

广告是一种通过大众媒体与有选择的受众进行付费的、非人员的信息沟通活动，着眼于信息的大面积、快速传播。它在促销组合中往往担当宣传先行者的角色，是企业用来树立形象、激发消费者需求的重要工具。

营业推广又称销售促进，是指为刺激消费者需求，鼓励其尽快或大量购买产品而采取的各种促销形式，着眼于刺激需求、增加购买量。它的吸引力较大，是辅助促销的有效工具。

公共关系是企业运用传播与沟通手段，使自己与公众相互理解、相互适应，为促进企业目标的实现而进行的一种有组织的管理活动，着眼于树立形象、沟通关系。它适用于通过树立或矫正形象来吸引消费者。

企业的促销组合，实际上是对上述促销手段的选择、组合和运用。在进行促销组合决策时，还必须综合考虑的影响因素有产品种类、产品生命周期阶段、企业促销策略、目标市场特点和竞争状况。

任务二　实施人员推销策略

人员推销是一种通过人员沟通，说服他人购买产品的过程。企业的推销员、业务员、促销员、经销商、代理商等所有代表卖方的单位或个人都可以看成推销人员。推销人员推销的产品也可以包罗万象。

学校招生人员深入学生中进行招生宣传是否属于人员推销？企业招工是否属于人员推销？

8.2.1　人员推销的特点

1. 灵活性

推销人员可在消费者方便的时间、地点，以消费者最能接受的方式向消费者传递信息、推销产品；可察言观色，及时获取消费者反应，并据此调整自己的推销策略和方法；可根据不同消费者的具体情况，采取不同的推销方式，从而提高推销的成功率。

2. 完整性

推销人员在推销过程中，既可以推销产品，又可以解答问题，还可以指导使用、开展服务，从而满足消费者的不同需求。

3. 双向性

在推销过程中，推销人员一方面可以及时、准确地把企业信息传递给目标消费者，另一方面又能把市场信息、消费者意见快速地反馈给企业。

4. 公关性

销售人员与消费者直接打交道，在交往过程中会逐渐产生信任和理解，加深双方感

情，建立起良好的关系，容易培育出消费者的忠诚度，从而稳定企业销售业务。

<table>
<tr><td>案例2</td><td>推销相册</td></tr>
</table>

西蒙内尔在一家食品批发公司做冰激凌推销员时，曾结合自己的特点并充分考虑顾客的需求和思考方式，别出心裁地自制了一种推销的用具——推销相册。

西蒙内尔在推销相册里贴上几年来在这家食品批发公司批发食品的上百家零售店的彩色照片。这些照片记录着这些零售店的冰柜、橱窗、门面等一系列的变化。这本推销相册还贴有零售店的老板及家人、售货员笑逐颜开的照片，并附有他们的留言。在交易过程中，他经常把这本相册拿给顾客欣赏，并尽心尽力地回答顾客提出的各种问题。而他的生意在不知不觉中就被做成了。这本"推销相册"在西蒙内尔的成功史中扮演了十分重要的角色。

事实胜于雄辩，一览无余的照片比言辞更具说服力。通过分享"推销相册"，西蒙内尔也同顾客加深了情感，建立了良好的关系，谈起生意来格外顺利。

↘ 8.2.2 人员推销的实施

通常大多数推销人员，特别是上门推销的推销人员，是按照"六步推销法"去完成推销任务的。

1. 确定潜在消费者

明确谁是潜在消费者是推销人员的首要工作。确定潜在消费者的方法很多，既可以通过查阅资料、观察、访问等方法直接确定，也可以通过广告开拓、朋友介绍、社会团体推荐等进行间接确定。潜在消费者一般具备5个条件：有需要、有购买力、有购买决策权、有接近的可能性、有使用能力。

2. 推销准备

推销人员在确定了潜在消费者之后，就要认真搜集有关产品、消费者和竞争对手等各方面的信息，同时还要选择最佳的接近方式和访问时间。

3. 推销介绍

推销介绍是推销过程的中心，是推销人员运用各种方法说服消费者购买产品的阶段。

4. 回答异议

经过上述阶段，如果消费者还在犹豫，推销人员就要力争消除那些可能影响消费者购买产品的顾虑，并进一步指出产品的其他特点或提示企业可提供的特别服务。

5. 成交

一旦消费者所提出的问题被解决，推销人员就要准备达到最主要的目标——成交。在这个阶段，推销人员可提供一些优惠条件或保证等，以促成交易达成。

6. 追踪服务

交易完成后，推销人员还要为已经购买产品的消费者提供各种售后服务。这是人员推销的最后环节，也是下一轮推销的开始。追踪服务能加深消费者对企业和产品的信赖，促使其重复购买产品。同时，可使企业获得各种反馈信息，为决策提供依据。

➡ 8.2.3 人员推销的形式

1. 上门推销

上门推销是指由推销人员携带产品样品、说明书和订单等走访消费者，推销产品。这种推销形式可以针对消费者的特别需要提供有效的服务，方便消费者，所以被消费者广泛认可和接受。上门推销需要推销人员具有一定的主动性和推销技巧。

2. 柜台推销

柜台推销是指企业在适当的地点设置固定销售点，由营业员接待进入销售点的消费者来推销产品。柜台销售就是我们常说的"售点销售"。销售点营业员属于广义推销员的一种。柜台推销是一种等客上门式的推销方式，需要营业员的良好服务。

3. 会议推销

会议推销是指利用各种会议，向参会人员宣传和推介产品，如在订货会、展览会、物资交流会等会议上推销产品。这种推销形式接触面广、推销集中，可以同时向多个推销对象推销产品，成交额较大，推销效果较好，但需要推销人员及时发现并了解消费者需求。

？ 某企业为了迅速打开素饼市场，应选用什么人员推销形式？

➡ 8.2.4 人员推销的方法

1. 一对一法

一对一法是指一个推销人员服务一个消费者，并对这个消费者展开推销。一对一法是最基本的推销方式，如专柜用品的销售就采用这种方法。

2. 多对一法

多对一法是指一组推销人员对一个消费者或用户展开推销。多对一法主要用于对设备或新产品的推销。由于设备或新产品牵涉面广，往往需要多个技术部门的人员参加，以便及时解决消费者或用户的疑难问题。

3. 一对多法

一对多法是指一个推销人员面对多个消费者展开推销。如导游在带团队出游时推销其旅游相关产品就采用这种方法。

4. 多对多法

多对多法是指几个推销人员面对消费者群展开推销。这种方法常用于大型订货会、产品交易会上。

➡ 8.2.5 人员推销的技巧

1. 探测性推销

探测性推销是指对于初次接触的消费者，推销人员按照自己的计划进行试探性交谈，以观察消费者的反应，然后逐步根据消费者的反应来调整谈话的内容，将兴趣转移到产品上来，促成其购买行为。

2. 创造性推销

创造性推销是指直接将产品的某些特性有效地对消费者进行宣传，使其产生兴趣，诱发其潜在需求，促使其购买行为的发生。

3. 针对性推销

针对性推销是指向对产品有需求的潜在消费者，根据产品特性进行有目的的推销，用充分的数据和事实宣传引起消费者的重视，促成交易的实现。

4. 教育式推销

教育式推销是指向新产品和初次接触企业产品的消费者，用培训教育的方法传授产品知识，用示范操作教育的方法展示产品的优良品质，从而打消消费者的疑虑，促使其做出购买选择。

案例 3　老太太买李子

一位老太太每天都去市场买水果。一天早晨，她来到市场，遇到第一个卖水果的小贩。小贩问："您要不要买一些水果？"老太太问："你有什么水果？"小贩说："我这里有李子、桃子、苹果、香蕉，您要买哪种呢？"老太太说："我正好要买李子。"小贩赶忙介绍："这个李子，又大又红又甜，特好吃。"老太太仔细一看果然如此，但却摇摇头，没有买就走了。

老太太继续在市场里转悠，遇到第二个小贩。小贩也询问老太太想买什么水果，老太太说："买李子。"小贩接着问："我这里有很多李子，有大的、小的、酸的、甜的，您要什么样的呢？"老太太说："要买酸李子。"小贩接着说："我这堆李子特别酸，您尝尝？"老太太一咬，果然很酸，满口的酸水，老太太受不了，但越酸越高兴，马上买了一斤李子。

老太太没有回家，继续在市场里转悠，遇到第三个小贩。同样，小贩问老太太买什么，老太太说："我要买李子。"小贩接着问："您想买什么样李子？"老太太说："我要买酸李子。"小贩很好奇，又接着问："别人都买又大又甜的李子，您为什么要买酸李子呢？"老太太说："我儿媳妇怀孕了，想吃酸的。"小贩马上说："老太太，您对儿媳妇真好！那您知不知道孕妇最需要补充什么营养呢？"老太太摇摇头，小贩接着说："其实孕妇最需要补充的是维生素，因为她需要供给胎儿维生素，所以光吃酸的还不够。水果之中，猕猴桃含维生素最丰富，您要是经常给儿媳妇买猕猴桃的话，您儿媳妇一定能生出个漂亮健康的宝宝！"老太太一听很高兴，不但又买了一斤酸李子还买了一斤猕猴桃。当老太太正要离开的时候，小贩又说："我天天在这里摆摊，每天进的水果都是最新鲜的，下次您再到我这里来买水果的话，我给您优惠。"从此以后，老太太每天都在这个小贩的摊位买水果。

任务三　实施广告策略

广告是指广告主为了某种特定的需要，通过一定的媒体，公开而广泛地向公众传递信息的宣传手段。我们这里所说的广告，仅指经济广告，又称商业广告，通常是产品生产者、经营者和消费者之间沟通信息的重要手段，也是企业占领市场、推销产品、提供服务的重要形式。广告的目的是促进产品或服务的销售并取得利润。

➥ 8.3.1　广告的特点

1. 广泛性

广告一般通过报纸、杂志、广播、电视、网络等大众传播媒介进行信息的传递，是一种高度大众化的信息传递方式，涉及面广，宣传声势大。因此，它特别适合大众的标准化产品的宣传推广。

2. 快速性

随着各种媒体传播速度与传播质量的日益提高，借助媒体的商业广告也能在很短的时间内传递到各个角落，使消费者在第一时间了解有关企业和产品的信息。

3. 单向性

广告不像人员推销那样可以与消费者面对面地进行交流。广告一般是广告主借助一定的媒体来发布信息、刺激需求，而信息的发布者通常无法获得反馈信息。

> 我们的目的是销售，否则便不是做广告。
>
> ——罗斯·乐夫

4. 说服性

广告可以通过声音、形象、色彩、音乐等表现手法，将信息传递给目标消费者，是一种富有表现力和感染力的信息传递方式，带有很强的说服性。

5. 有偿性

做广告需要付费。广告的费用包括广告调查费、设计制作费、媒介发布费及活动的机动费等直接广告费用，以及广告人员工资、办公费、管理费、代理费等间接广告费用。

➥ 8.3.2　广告的种类

广告因分类标准不同而分为不同的类型。广告按照传播的范围可划分为国际性广告、全国性广告、地区性广告；按照内容可划分为企业广告、产品广告和服务广告；按照目的可划分为告知广告、说服广告、强化广告、提示广告和形象广告；按照所使用的媒体可划分为报纸广告、杂志广告、广播广告、电视广告、网络广告等。

小贴士 　　　　　　　　　　**新媒体广告**

新媒体广告是指建立在数字化技术平台上的，区别于传统媒体的，具有多种传播形式与内容形态的，并且可以不断更新的全新媒体介质的广告。

新媒体广告的类型多样。网络广告、手机广告、户外媒体广告、移动电视广告、楼宇电视广告等都属于新媒体广告的范畴。它们看似形式多样、各具特点，但共同基于数字技术基础的实质也让它们具备了一些共同的基本特性：互动化、融合化、个性化。

8.3.3 广告促销的实施

企业在选择广告作为促销手段之后，必须制定切实可行的广告实施方案，以解决广告目标是什么、广告费用是多少、传递什么广告信息、利用什么广告媒体和如何评估广告效果等问题。

1. 确定广告目标

广告目标是指企业广告活动所要完成的特定传播任务。企业在促销产品时，必须确定广告宣传的具体目标，如提高企业知名度或突出产品、服务的优势等。一般来说，可供选择的广告目标有以下几种。

（1）告知：通过广告活动使目标消费者知道企业的某种信息。该广告目标主要用于新产品上市、新企业开张等情况，起预先告知、引起关注的作用。

（2）说服：通过广告突出本企业产品的特色和优点，以说服目标消费者购买本企业的产品。例如，"达克宁"药膏通过"不但治标，还能治本"来突出其特点，从而劝说消费者选择"达克宁"药膏而不是其他同类产品。该广告目标是刺激消费者的选择偏好。

（3）提醒：通过广告活动不断提醒消费者想起某个产品。该广告目标对于成熟期产品极为重要，可以使消费者记住某个产品。

美国有一位叫雷诺兹的企业家引进当时美国人根本没有见过的圆珠笔，取名为"原子笔"，并将广告语设计为"可以在水中写字，也可以在高海拔地区写字。"这条广告语展示了这种"原子时代的奇妙笔"的不凡之处。

雷诺兹的原子笔的广告目标属于哪一种？

2. 制定广告预算

广告预算是指对广告活动所需费用的匡算。广告预算规定了广告活动所需的费用总额。广告预算主要包括市场调研费、广告设计费、广告制作费、广告媒体使用费、广告机构办公费与人员工资等项目。其中，最基本的费用是广告媒体使用费，一般占广告预算的70%～90%。

可供企业选择的广告预算确定方法主要有按企业销售额（利润）的一定百分比来确

定的销售（利润）百分比法、依据主要竞争对手广告费数额或比例来确定的竞争对抗法、根据广告目标实际需要来决定的目标任务法和根据企业财务状况来确定的量力而行法。

3. 选择广告媒体

广告信息要通过一定的媒体才能有效地传播出去。"广告要做给买家看"，广告主必须选择买家经常接触且感兴趣的媒体才能使广告出效果。因此，正确地选择广告媒体是一项非常重要的工作。

> 产品不做广告，就像姑娘在暗处向小伙子递送秋波，脉脉此情只有她自己知道。
>
> ——英国广告学专家 S. 布里特

生活中，一提到媒体，人们就会想到报纸、杂志、广播、电视。近年来，新的广告媒体——互联网具有发布信息方式多、能即时得到消费者的反馈、受时空限制少、费用低、互动性好、吸引力大及宣传效果惊人等特点。对企业来说，在市场国际化的今天，互联网显得非常重要。

此外，招牌、车身、车厢、电梯、墙体、楼顶、路牌、霓虹灯、气球、LED 显示屏、包装、传单、明信片、挂历等成为有效的辅助性广告媒体，是很多小企业的首选。

企业要正确地选择广告媒体，还要考虑以下影响因素。

（1）产品的性质。

（2）消费者接触媒体的习惯。

（3）媒体的传播范围。

（4）媒体的影响力。

（5）媒体的费用。

通常，如果企业在做广告时希望快速传递产品信息且广告效果好而可以不考虑费用多少，电视是较好的广告媒体选择；对于消费者一听广告内容就明白的产品，企业更愿意选择的广告媒体是广播；如果企业希望将产品信息内容完整且清晰地表达出来，则首选的广告媒体是报纸和杂志；如果企业在做广告时对产品的色彩和形象有较高要求的，则杂志、电视是较好的广告媒体选择；如果企业在做广告时要求产品信息传播受时空限制少，那么互联网是最为适宜的广告媒体选择。

4. 确定广告推出时间

广告推出时间是相对于产品进入市场的时间来说的。企业一般有即时推出、提前推出、延时推出三种广告推出时间的选择。

（1）即时推出：广告与产品同时推向市场。此种策略适用于供求平衡或销量紧张的产品、老产品。

（2）提前推出：为了先声夺人，广告早于产品进入市场。此种策略被企业广泛运用，主要适用于人们熟悉的改进后重新上市的产品、新推出的产品和季节性的产品。

（3）延时推出：广告晚于产品进入市场。此种策略适用于还没有把握的新产品，在产品上市后，先做一些试探性广告，根据反应再决定广告的做法及规模。

5. 明确投放广告的形式

（1）集中式投放广告：在特定时刻、特定区域及特定媒体的情况下，最大限度地进行广告投放，使之产生一种轰动效应。集中式投放广告多用于新企业开张、新产品上市。

（2）连续式投放广告：企业有目的、有步骤地把产品信息持续不断传达给相关消费者群体，对目标消费者连续产生影响的一种投放广告形式。连续式投放广告好处在于可以不断将产品或品牌渗透到消费者脑海中，使他们对产品的印象与好感持续增加。

（3）间歇式投放广告：对于一些品牌知名度高或在市场上畅销的产品，企业进行间断性的广告投放。如果企业长时间没有进行相关的广告投放，其他品牌的产品信息就有可能乘虚而入。像可口可乐、百事可乐、IBM、微软等行业巨头企业，绝大部分的消费者都耳熟能详，而且其品牌号召力也非常巨大。但是，我们不定时还能在媒体上发现这些企业的广告信息。间歇式投放适用于产品的成熟期，消费者对产品的记忆与好感只要间隔性提醒即可。

小贴士 广告记忆

对于电视播放的商业广告，消费者在连续接受大量消费信息后，往往对开始和最后的信息记忆深刻，保持的时间也相对较长，而对中间信息则记忆不清晰、遗忘较快。例如，对于在观看的电视剧中插播的大量广告，消费者只能记住前面的2~3个或后面的1~2个广告的内容。

? "没有广告就没有市场，没有广告就没有名牌"，这句话有道理吗？

6. 测评广告效果

通过测试和评估广告效果，可以掌握受众对广告的理解和接受程度，以及广告对产品销售所起的作用。

（1）沟通效果测定：主要测定测试对象在广告发布前后对产品注意、记忆、兴趣的变化情况，从而确定企业广告活动中广告信息的传播是否有效。

（2）促销效果测试：主要测定广告对产品销售所起的作用，一般通过对比广告前后销量的增减来测定。

任务四　实施营业推广策略

➡ 8.4.1　营业推广的特点

营业推广又称销售促进，它是企业除人员推销、广告及公共关系之外能直接刺激消费者需求、鼓励消费者购买产品而采取的各种促销活动的总称。营业推广具有以下特点。

1. 吸引性

许多营业推广的方法都能够打破消费者的购买惰性，使消费者表现出极大的购买积极性，并能够即时唤起消费者对产品的广泛关注，立即促成其购买行为，收到立竿见影的功效。

2. 灵活性

无论对消费者、中间商还是企业的销售人员来说，营业推广都有许多可供选用的方法，企业可灵活运用。

3. 辅助性

使用营业推广的方法开展促销活动，虽能在短期内取得明显效果，但它一般不能单独使用，必须配合广告、人员推销或公共关系一起使用。因此，营业推广是一种辅助促销手段。

4. 负面性

有些营业推广的方法表现了销售者急于出售的意图，容易造成消费者的逆反心理。如果营业推广使用不当或使用太多，消费者就会怀疑此产品的品质、品牌及价格的合理性。

案例 4　海底捞的营业推广策略

海底捞在经营过程中除了注重为消费者提供优质的服务，还注重运用各种营业推广方式提升消费者的用餐体验。例如，海底捞推出了会员制度，会员顾客在每次消费后可获得相应积分，一定数量的积分可用于礼品兑换；对于学生顾客群体，海底捞推出了针对高校学生的专享优惠活动，通过认证的学生顾客在海底捞就餐最高可享69折优惠；对于生日当天选择在海底捞就餐的顾客，餐厅会为其准备免费的生日果盘和礼品，同时员工们也会送上诚意满满的生日祝福……海底捞诸如此类的营业推广手段不胜枚举。如今，海底捞的营业推广已经转化为优质服务的内容，在提升消费者用餐体验的同时，增强了消费者对于海底捞的品牌忠诚度。

（资料来源：根据原创力文档改编）

➡ 8.4.2　营业推广的方法

1. 面向消费者的营业推广

面向消费者开展营业推广方法可以鼓励成熟消费者多买产品，促使新消费者试用产品；可以动员消费者购买新产品或在淡季时购买；可以引导消费者改变购买习惯；可以培养消费者对本企业的偏爱行为等。面向消费者的营业推广方法主要如下。

（1）赠送样品。直接赠送样品给消费者试用。样品可以挨户赠送或在商店和闹市区散发或通过广告赠送，也可在其他产品中附送。赠送样品是介绍新产品最有效的方法。

（2）来店及购买奖励。这是零售服务业对前来购买的消费者的一种激励方法。它有几种形式：来就送、提供赠品、抽奖、实行会员价、购买积分。

（3）参与奖励。消费者通过参与企业相关活动，如技能竞赛、知识竞赛、商标征集等，获取企业的奖励。

2004—2006 年，连续三年，吉林的联通公司与联想公司达成合作协议，由两家公司合作推出"买电脑，送宽带"活动。凡是购买联想电脑，都可以免费安装联通宽带上网，并赠送一个月的网费。通过这种促销活动，联想电脑和联通宽带的销售业绩都有了大幅度的提高。从联想公司的角度来讲，"安装宽带，赠送网费"作为一种赠品，对消费者很有吸引力；从联通公司的角度来讲，在消费者初次购买电脑之际安装联通宽带，这是绝好的促销时机。

（资料来源：张存明，陈超，李娟. 市场营销策划. 清华大学出版社）

随着市场经济的不断发展，国际上通行的一些营业推广的方法也逐渐被应用，如以旧换新销售、最低价销售等。

2. 面向中间商的营业推广

面向中间商的营业推广方法能鼓励批发商大量购买产品，吸引零售商扩大经营，动员有关中间商积极购买及存放或推销某些产品。

（1）批发回扣。企业为争取中间商多购进自己的产品，对在某一时期内购买本企业产品达到一定数量的中间商给予一定的回扣。

（2）推广津贴。企业为促使中间商帮助自己开展产品展销、布置橱窗等活动，支付给中间商一定的推广津贴。

（3）添购折让。对产品进行短期性减价以刺激经销商添购新产品。

（4）清货折让。对产品进行一定的减价或折扣，以使中间商尽快清理积货、实现资金快速周转。

（5）销售竞赛。根据各个中间商销售本企业产品的业绩，分别给优胜者以不同的奖励，如现金奖、实物奖、免费旅游奖、度假奖等。

3. 面向企业内部销售人员的营业推广

为鼓励企业内部销售人员积极推销产品、处理某些老产品或开拓某新市场，往往采用销售竞赛、超额提成、年终分红等营业推广方法。

8.4.3 营业推广的实施

1. 确定营业推广目标

确定营业推广目标是指明确营业推广的对象是谁，要达到的目的是什么。只有知道了营业推广的对象是消费者、中间商还是企业的销售人员，以及通过营业推广活动要达到的目的，企业才能有针对性地制定具体的营业推广方案。例如，针对消费者，是以鼓励其大量购买产品为目的，还是以争取未使用者试用产品为目的，其营业推广方案有明显不同。

2. 选择营业推广方法

选择营业推广方法是指确定采用何种营业推广方法。营业推广方法很多，但如果使用不当，就会适得其反。因此，选择合适的营业推广方法是取得营业推广效果的关键因素。企业一般要根据目标对象的接受习惯和产品特点，以及目标市场状况等综合分析选择营业推广方法。

3. 确定推广途径

确定推广途径是指确定通过什么样的具体途径来传递营业推广信息或分发刺激物，即与其他促销手段的整合安排。例如，折价优惠可以通过在产品包装内分发优惠券、邮寄优惠券，或者通过广告传递折价优惠的信息等多种途径来实现。

4. 确定推广时间

一是确定营业推广活动的时机。例如，对于季节性产品、节日礼品，必须在相应季节前做营业推广，否则就会错过了时机。

二是确定推广期限，即营业推广活动持续时间的长短。推广期限的设置要恰当，如果推广期限过长，消费者就会丧失对营业推广活动的新鲜感；如果推广期限过短，一些消费者就来不及感受营业推广活动的实惠。调查表明，最佳的推广期限是每个季度的营业推广活动持续时间有3周，即产品平均购买周期。

5. 确定推广预算金额

可以用以下三种方式来确定营业推广的预算金额。

一是参照上期营业推广的费用来确定当期营业推广的预算金额。

二是根据占总促销费用的比例来确定营业推广的总预算金额，再将总预算金额分配到每个营业推广项目。

三是先确定每个营业推广项目的费用，再相加得到营业推广的总预算金额。

任务五 认知公共关系策略

企业公共关系是一门"外求发展，内求团结"的经营管理艺术。其作用主要表现在以下几个基本方面：交流沟通、创设环境；传递信息、打响知名度；舆论宣传、建立好形象；端正视听、维持信誉。

案例6 娃哈哈公司"接过爱心教鞭，托起明天希望"的公益行动

"我们学校在5·21地震中也受损严重，希望你们能为我们学校、学区的教育事业捐助……"这封由四川省阿坝州松潘县镇江关五里村的小学老师寄来的一封带着地震余波的信件，触动了整个娃哈哈公司。该公司随后便启动了"接过爱心教鞭，托起明天希望"的公益行动：面向全社会招募首批志愿者100名，前往四川省、贵州省贫困地区进行为期一年的支教行动，并为每人提供2万元的年度补贴。娃哈哈公司选择了互联网作为此次宣

传的重点，即通过在天涯社区开辟专栏以借助媒体报道进行宣传。在招募计划发起之后，就有近4 000名志愿者报名，活动场面堪比公务员考试。随后选出的100名志愿者在四川省和贵州省支教过程中，也通过互联网实时传递支教信息。通过此举，娃哈哈公司的企业社会形象大幅提升。至今，我们只要登录支教专区论坛，都能感受到那些志愿者与孩子们令人感动的瞬间。

（资料来源：张存明，陈超，李娟. 市场营销策划. 清华大学出版社）

8.5.1 公共关系的特点

1. 沟通为本

在现代社会，企业与其相关的社会公众打交道，实际上是通过信息的双向交流与沟通来实现的。企业借助公共关系的多种手段，如专题报道、新闻发布、宣传资料及消费者座谈等形式将企业的经营理念、服务宗旨等传达给相关的社会公众，以取得他们对企业的了解、理解和支持，从而创造出良好的经营环境。

2. 形象至上

形象至上是指在社会公众中塑造、建立和维护企业的良好形象和社会声誉。

3. 真实真诚

公共关系强调企业应实事求是地向公众传递真实信息，这是公共关系工作的基本原则。

8.5.2 公共关系的内容

对于企业而言，公共关系的主要外部公众由消费者、供应商、分销商、竞争者、新闻媒体、金融机构和政府等组成。从促销的角度来看，企业开展公共关系的活动内容主要是处理好与外部公众的关系，营造良好的外部营销环境。

8.5.3 公共关系的技巧与手段

1. 借媒体之力

企业要积极主动地与新闻界保持联系，了解新闻报道的动向及新闻重点，并及时向新闻界提供具有新闻价值的本企业信息。同时，公关人员要善于发现和制造对企业及产品有利的新闻，以吸引新闻界和公众的注意，扩大企业及其产品的知名度和美誉度。发现和制造新闻是借媒体之力进行宣传的惯用手段。

2. 借政府之力

企业要主动地与相关的政府部门建立紧密联系，了解政府的工作导向及重点，并及时与政府部门进行信息沟通，以争取政府部门的理解和支持。特别是在政府召开的有关会议上，政府相关领导对企业及其产品的肯定、表扬会产生强大的宣传效果。

3. 介绍情况、回答问题或发表演讲

企业利用各种场合和机会，介绍企业及其产品情况，回答公众关心的问题，或者在有关场合发表演讲。这是企业通过自我宣传活动提高知名度的一种有效形式。

4. 参与社会活动

企业积极参与社会活动和支持公益事业，如赞助文化、体育活动，捐资助学、扶贫、救灾等，树立企业承担社会责任、关心公益事业的良好形象，有利于赢得公众的好感和支持。

5. 策划专题活动

企业根据营销活动的需要，安排一些特殊的活动，如召开新闻发布会、研讨会或展览会，举行某种庆典等来吸引公众的眼球。这是企业与其他组织和社会公众沟通信息、交流感情的良好机会，是企业信息迅速而广泛传播的有效途径。

6. 导入 CIS

> 找到公关传播的"支点"，让它撬起"营销地球"。

CIS（Corporate Identity System）是指一个企业区别于竞争对手及其他企业、团体、机关的各种形象、文字及风格等方面的综合体。导入 CIS 的目的是运用企业识别标志和企业识别系统，展露产品特色，突出企业风格，宣传企业文化。例如，郑州丹尼斯公司的"居安思危、奋进向上，不屈不挠、领跑信念"的企业思想展示了它能化挑战为动力、视竞争为机遇、勇于追求、敢于面对、遇到困难永远不畏惧、具有领跑者地位的企业特质。

7. 散发宣传资料

企业可以制作各种宣传资料并广为散发和传播，向公众传递有关企业及产品的信息。宣传资料可以是印刷资料，如企业年度报告、宣传册、企业刊物等，也可以是音像资料，如录像带、幻灯片、光盘等。

8. 组织参观

组织参观是一种通过参观者的实地考察、体验，从而产生直观感觉和深刻印象的公关活动。近年来，这种形式被越来越多的企业所重视。例如，伊利公司连续多年邀请消费者前往伊利工厂参观生产车间。

案例 7　伊利公司请您参观伊利工厂

2013 年 4 月 6 日，"伊利工厂开放之旅"活动全面启动，全国消费者都可以通过在官网预约报名的方式到伊利工厂参观，伊利公司将在伊利工厂所在城市或临近城市，为消费者提供免费专车接送的服务，并全程配备专业的讲解员，一一解答消费者对于伊利产品的各种提问。伊利公司希望通过此次活动让消费者深入了解乳制品生产工艺，同时接受社会各界人士的监督。

一位在活动首日参观过伊利工厂的消费者表示："眼见为实，伊利公司的生产工艺让

老百姓放心。而将普通消费者请进家门，也让我们感觉到该企业的亲切，相信这能够为伊利公司赢得信任和尊重。"

练习与实训八

一、判断题（正确的打"√"，错误的打"×"）

1. 销售竞赛是针对中间商的一种营业推广方式。 （   ）

2. 广告传播面广，信息双向传递，只能针对一般消费者，难以立即成交。 （   ）

3. 人员推销的缺点在于支出较大、成本较高，同时对推销人员的要求较高，培养较困难。 （   ）

4. 公益广告是用来宣传公益事业或公共道德的广告，所以它与企业的商业目标无关。 （   ）

5. 公共关系的目的主要是促进销量的增加。 （   ）

二、选择题

1. 一个企业或团体为了适应环境的需要，争取社会各界的理解、信任和支持，树立企业或团体的良好信誉和形象而采取的一系列活动是（   ）。

A. 人员推销　　　　B. 广告　　　　　C. 公关关系　　　　D. 营业推广

2. 营业推广是一种（   ）的促销方式。

A. 常规性　　　　　B. 辅助性　　　　C. 经常性　　　　　D. 连续性

3. 人员推销最重要的任务是（   ）。

A. 销售产品　　　　B. 传递信息　　　　C. 提供服务　　　　D. 寻找客户

4. 企业进行营业推广时，下列（   ）方式适合中间商。

A. 代金券　　　　　B. 特价　　　　　C. 超额提成　　　　D. 推广津贴

5. 公共关系是一项（   ）的促销方式。

A. 一次性　　　　　B. 长期　　　　　C. 偶然　　　　　　D. 短期

三、简答题

1. 什么是人员推销？人员推销的方法有哪些？

2. 公共关系的基本手段有哪些？

3. 针对消费者的营业推广方式有哪些？

4. 什么是促销？包括哪些手段？

5. 常见的广告媒体有哪些？企业在选择广告媒体时要考虑哪些因素？

四、案例分析题

同舟共济的伙伴

美国的通用食品公司，每逢圣诞节都准备一套本公司的罐头样品，分送给每一位股东。股东们对此感到十分骄傲，产生了强烈的认同感。股东们不仅全力向外人夸耀和推荐

本公司的产品，而且在每年圣诞节前准备好一份详细的名单寄给本公司，由本公司按名单将罐头作为圣诞节礼物寄给他们的亲友。因此，每到圣诞节前，通用食品公司都要额外地销售一大批商品。股东们固然受到折扣优待，而通用食品公司方面也赚了一大笔钱。

思考题：

1. 通用食品公司在股东关系上采取了哪些措施？

2. 通用食品公司为什么要重视股东关系？

五、课外实训

1. 为你熟悉的企业的某种产品设计一套促销方案。

2. 每个学习小组选择一种产品（如香水、手机、化妆品等），并依据产品特点，为其设计一则杂志广告；完成后向其他组的同学展示广告，并进行说明。

项目九　创新市场营销

知识要点

◎ 掌握网络营销的含义、特点和方法

◎ 掌握文化营销的内涵，了解其特点

◎ 理解服务营销的基本内容

◎ 掌握绿色营销的组合策略

能力要点

◎ 学会运用各种营销手段的基本方法

◎ 尝试使用网上购物、搜索引擎、BBS 等网络营销方法

作为近 600 岁的文创大咖，故宫的文创衍生产品年收入以十亿计算，是什么成就了故宫博物院的文化 IP 神话？

1. 形象升级，更接地气

2013 年，台北故宫一款"朕知道了"纸胶带（见图 9-1）在网上爆红，也正是从这款纸胶带开始，人们渐渐发现原来那个庄严的"故宫"也可以很风趣。

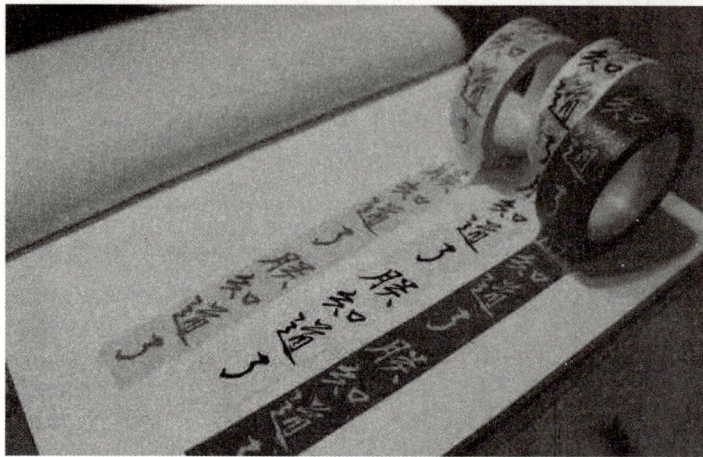

图 9-1　台北故宫一款"朕知道了"纸胶带

这款纸胶带也给北京故宫工作人员带来了灵感，努力将故宫的建筑、故宫的文物、故宫的历史故事，找到一个符合当代人喜欢的时尚表达载体，如故宫娃娃系列，因具有趣味性而受到少年观众的喜爱；手机壳、电脑包、鼠标垫、U 盘等，因具有实用性而持续热销；还有后来陆续开发的朝珠耳机、宫门箱包、"故宫猫"系列产品等也都成了爆款。

2. 文化综艺让故宫 IP 焕发活力

2016 年，纪录片《我在故宫修文物》史无前例地获得了大量年轻人的追捧，在 B 站上，点击量超过 200 万，累计有逾 6 万条弹幕评论。

2017 年 12 月，有着上下五千年的"年轻节目"《国家宝藏》自带槽点和段子，引发了网友的跟风吐槽和表情包制作，不但捧红了"农家乐审美"的乾隆，也成功打入了年轻人内部。

2018 年元旦，百集系列纪录片《如果国宝会说话》，更是以萌趣的风格、简短的篇幅，在 B 站和朋友圈圈粉无数。

2018 年暑期，故宫博物院、NEXT IDEA 腾讯创新大赛、QQ 音乐三方联合主办了"古画会唱歌"音乐创新大赛，易烊千玺以一首《丹青千里》再现《千里江山图》的壮阔山河，上线当日，视频播放量超过 3 400 万。

这几年通过故宫工作人员的宣传，2018 年故宫网站已经实现了 8.9 亿的访问量，而更广泛的活动和节目，可以使故宫的故事传播得更好。

3. 故宫 IP+电商

故宫淘宝的产品设计较为趣味化，里面既有卖萌的皇帝，也有亮出剪刀手的宫女、雍正、鳌拜，他们萌萌的感觉触及了很多用户的兴趣点。比如圣旨、奏折、折扇等，其中加入了皇帝形象元素，而雍正的名言"朕亦甚想你"、"朕生平不负人"等就成为了独特素材（见图9-2）。这种历史典故的化用，同时加上了当下流行元素，拉近了与年轻人的距离。

图 9-2 故宫文创

自 2015 年在天猫开设文创店铺以来，故宫博物馆的受欢迎程度远超预估，从日历、服饰到书签、扇子，再到口红、彩妆等，文创店铺爆品频出，文创产品更是涵盖了办公、服饰、家居、食品、国礼等诸多品类，在天猫平台关注用户数超过 200 万。

如今，故宫博物院文创旗舰店已经成为中国文创第一网红，其在天猫上的销量已经位居节庆用品礼品行业和文创行业第一，并以每年近 2 倍的速度增长。

（资料来源：根据中国新闻网、A5 创业网文章改编）

任务一 认知网络营销

进入 20 世纪 90 年代以后，网络营销随着网络经济的发展而逐步成长起来，"网上看货、鼠标代步、在家刷卡、网上购物"正在成为现实。网络营销的迅速发展，给传统的市场营销带来了极大的冲击。如何在互联网上发现和发展商机，成为企业面临的最大挑战。那么，我们就一起来了解一下什么是网络营销。

➥ 9.1.1 网络营销的含义

由于网络营销的外延与内涵还在不断变化发展，因此目前对其还没有一个公认的、完善的定义。当前，多数人较为认同的定义：网络营销是以互联网为媒体，以新的方式、方法和理念实施营销活动，有效促成个人和组织交易活动而实现的新型营销模式。网络营销是企业整体营销战略的一个重要组成部分。

网上购物

中国第一宗网络购物发生在 1996 年 11 月，购物人是前加拿大驻中国大使贝祥。他通过实华开公司的网站，购进了一只景泰蓝"龙凤牡丹"。继北京之后，上海也开张了第一家网店。某一街道居民替儿子过生日，通过网店订购一个哈尔滨食品厂的大蛋糕，半小时后蛋糕就准时送货上门了。

（资料来源：彭纯宪．网络营销．高等教育出版社）

？ 网络营销会代替传统营销吗？

9.1.2 网络营销的特点

随着信息产业的高速发展，更多的企业和个人选择以互联网为媒介来传播与共享信息，这使得网络营销成为当今最热门的营销推广方式。与传统推广方式相比，网络营销具有得天独厚的优势和特点。

1. 跨时空

网络营销能够超越时间约束和空间限制进行信息传

> 任何人在任何领域的理论都会过时，所以每当一个全新的营销理论露出端倪，我会毫不犹豫地成为第一个吃螃蟹的人。
>
> ——〔美〕菲利普·科特勒

播和交换，因而使得企业能有更多的时间和更大的空间开展营销活动，可以每天 24 小时随时随地提供全球性营销服务。

2. 多媒体

互联网可以传输多种媒体信息，如文字、声音、图像等，这使得交易信息能以多种形式存在和交换，可以充分发挥营销人员的创造性和能动性。

3. 交互式

在网络营销活动中，企业和消费者始终保持着信息的双向沟通。企业可以随时了解消费者的需求并有针对性地发送个性化信息；消费者可以直接将信息和要求传送给企业营销人员，从被动的接受者变为主动的参与者。

4. 个性化

在互联网环境下的促销是一对一的，是消费者主导的、非强迫的、循序渐进式的，也是低成本与人性化的。企业有针对性地服务不同的消费者，有利于彼此深入了解，建立长期的良好关系。

5. 增长性

互联网使用者数量快速增长，互联网使用者的分布遍及全球。他们多属于年轻、中产阶级、高教育水准群体。由于这部分群体购买力强而且具有很强的市场影响力，因此网络

营销极具开发潜力。

6. 整合性

网络营销可以完成从发布产品信息、收款到售后服务的所有工作，且一气呵成，因此也是一种全程的营销渠道。另外，企业可以借助互联网将不同的营销活动进行统一设计规划和协调实施，以统一的传播资讯向消费者传达信息，避免因信息传播的不一致而产生消极的影响。

7. 超前性

互联网是一种功能强大的营销工具。网络营销通过互联网可以实现渠道、促销、电子交易、互动服务及市场信息分析等多种功能。网络营销所具备的一对一营销能力，符合定制营销与直复营销的未来趋势。

8. 高效性

计算机可存储大量的信息，可传送的信息数量与精确度远超其他媒体。根据市场需求，网络营销通过计算机可以及时更新产品或调整价格，并能及时有效了解并满足消费者需求。

9. 经济性

网络营销是买卖双方通过互联网进行产品交换的，从而代替了传统的交易方式。网络营销一方面可以减少促销文本的印刷费用、店面租金、水电费、人工成本等；另一方面可以减少由于多次交换带来的产品损耗。

10. 技术性

网络营销是建立在以高技术作为支撑的互联网基础上的。企业实施网络营销必须有一定的技术投入和技术支持，以改变传统的组织形态。企业实施网络营销必须引进懂得营销与计算机技术的复合型人才，才能具备竞争优势。

小贴士　　　　　　　　　　　　　　火红的网络

截至 2021 年 6 月，我国网民规模达 10.11 亿，互联网普及率达 71.6%，其中使用手机上网比例达 99.6%。值得注意的是，我国农村互联网普及率不断提升，为 59.2%，农村网民规模为 2.97 亿，农产品网络零售规模达 2 088.2 亿元，全国乡镇快递网点覆盖率达 98%，有效打通了农村消费升级和农产品上行的末梢循环。

9.1.3　网络营销的常用方法

网络营销职能是由一种或多种方法来完成的。下面简要介绍几种网络营销的常用方法。

1. 搜索引擎注册与排名

搜索引擎注册与排名是最经典、最常用的网络营销方法之一。调查表明，搜索引擎是人们发现新网站的基本方法。因此，网站在主要的搜索引擎上注册并获得最理想的排名，

是网站设计过程中应主要考虑的问题之一。网站被正式发布后应尽快被提交到主要的搜索引擎，这是网络营销的基本任务。

2. 交换链接

交换链接又称互惠链接，是具有一定互补优势的网站之间的简单合作形式，即分别在各自的网站上放置对方网站的 LOGO，并设置对方网站的超链接，使得用户可以从合作网站中发现各自的网站，达到互相推广的目的。

3. 网络广告

几乎所有的网络营销活动都与品牌形象有关。在所有与品牌推广有关的网络营销手段中，网络广告的作用最为直接。与传统广告相比，网络广告成本低、快捷、有效，并包括旗帜（Banner）广告、标识广告、弹出式广告等多种形式。

4. 许可电子邮件营销

许可电子邮件营销是在用户事先许可的前提下，通过电子邮件的方式向目标用户传递有价值信息的一种网络营销手段。它作为网络营销重要的手段，由于具有方便、快捷、高效、成本低廉等优点，因此越来越受到人们的青睐。许可电子邮件营销有 3 个基本要素：基于用户许可、通过电子邮件传递信息、信息对用户是有价值的，这 3 个因素缺一不可。

5. 病毒式营销

病毒式营销并非真的以传播病毒的方式开展营销，而是将用户的口碑通过网络进行宣传，而用户的口碑信息像病毒一样被传播和扩散，并利用快速复制的方式传播给数以千计、数以百万计的受众。现在，几乎所有的免费电子邮件提供商都采取类似的推广方法。

案例 1　**《人生必做 100 件事》H5 刷屏！网易哒哒坚持"爆款思维"打的什么算盘？**

网易哒哒于 2020 年 1 月 15 日上线一款 H5 互动测试（见图 9-3），基于全网数据，整理出人生必做的 100 件事，提供了大多数人感兴趣的 100 件事作为参考，大家可以以此为参考回味人生或是憧憬未来。

图 9-3　网易哒哒小程序

这款刷屏 H5 的玩法很简单，进入链接后，输入自己的名字，直接进入正题，100 件事情缓缓滑动出现，用户根据自己的完成情况进行点选，最后，你选择完成的事情及数量会罗列在一起，生成一张好看的图片，长按保存图片，便可以分享至朋友圈或其他社交网站。

那么，玩法如此简单的一款 H5 凭啥能成为爆款呢，其中蕴含着什么样的病毒式传播套路呢？

老实说，网易这次的选题不算创新，但胜在以一种有趣的 H5 的形式表达出来，并赋予一定的参与性，显而易见，这种极易生产"社交货币"的内容，本身热度就不会差。参与步骤简单易操作，花不了太多时间，且不用登录账号，比小程序还"即用即走"。除了话题性十足、简单易上手，还有最重要的一点就是，这款H5的内容具有"与我有关"的社交传播属性，正是因为"与我有关"，才能让人有分享转发的欲望。有代入感，便能最大程度地调动参与者的情绪。

表面上，这些H5刷屏没有任何所谓的意义，就像这个《人生必做的100件事》，对品牌的表达趋近于无，营销感甚弱。但事实上，只要普通用户喜欢，愿意分享这个内容，最后成功制造了"网易哒哒H5都能刷屏"的普遍印象，它潜藏的营销目的——"品牌曝光传播"便达成了。

（资料来源：根据搜狐网站文章改编）

这种以各种美颜美图效果为表现形式的H5广告其实在2016年甚至之前已经出现过多次，但都没有这个军装照H5广告这么"火"。接地气、圆军装梦、传递爱国热情等多重因素的叠加，造就了这个H5广告的成功。

？ 某公司营销经理学会了上互联网，请帮他考虑考虑，可以运用哪些网络营销方法来增加营销收入？

<h1 style="text-align:center">任务二　认知文化营销</h1>

9.2.1 文化营销的含义

文化营销简单地说，就是利用文化力进行营销，是指企业营销人员及相关人员在企业核心价值观念的影响下所形成的营销理念及所塑造出的营销形象在具体的市场运作过程中所形成的一种营销模式。

文化营销既包括浅层次的构思、设计、造型、装潢、包装、商标、广告、款式，又包括对营销活动的价值评判、审美评价和道德评价。例如，好莱坞导演将中国国宝熊猫和博大精深的武术结合起来，拍摄电影《功夫熊猫》，邀请多位国际巨星配音，其中包括华人巨星成龙，之后耗资1.5亿美元进行全球市场推广，最后票房达3亿美元。

文化营销包括以下3层含义。

（1）企业必须借助于或适应于不同特色的环境文化开展营销活动。

（2）文化因素必须渗透到市场营销组合中。综合运用文化因素，制定出有文化特色的市场营销组合。

（3）企业借助产品，将自身的企业文化推销给广大的消费者，使企业能够更好地被广大的消费者所接受。

9.2.2　文化营销的策略

1. 进行准确的文化定位

企业进行准确的文化定位应做好以下3方面的工作。

（1）要对企业的文化营销进行详细的调查研究。

（2）认真做好市场细分工作。

（3）确定目标市场，进行合理的文化定位。

例如，深圳地产公司之所以在相当长的一段时间里在中国地产行业中处于领先地位，除了引领潮流的开发模式、出色的产品创新能力，文化营销同样为深圳地产公司赢得了不少骄傲。深圳地产公司认为，文化因人而存在，而时间和地点的不同只会造成文化的内涵和形式的不同。深圳地产公司把销售房子作为推行一种生活方式来做。

2. 在文化营销中设计企业的品牌核心价值

品牌核心价值是品牌资产的主要部分。品牌核心价值可使消费者明确、清晰地识别品牌的利益与个性。一个品牌如果具有了触动消费者内心世界的核心价值，就能引发消费者的共鸣。品牌核心价值不是"无源之水"，不是我们凭空就能提炼出来的，而是沉淀在企业文化历史里的。在开展文化营销的过程中，要给品牌核心价值中注入文化要素。

案例2　河南卫视春晚《唐宫夜宴》"火出圈"

2021年，河南卫视春晚的舞蹈节目《唐宫夜宴》火了，这支5分多钟的舞蹈展示了唐朝少女们从准备、整理妆容到夜宴演奏的过程，节目中还穿插了水墨画，展示了妇好鸮尊、莲鹤方壶、贾湖骨笛、簪花仕女图等国宝，像是唐朝少女的博物馆奇妙夜之旅。

节目结束便受到了如潮好评，不少观众觉得"文物活起来了"！自己仿佛置身于唐朝，参与到了那一场唐朝的王宫夜宴。《唐宫夜宴》之所以能如此成功，是历史文化、精品艺术和现代科技的完美结合，也是郑州文艺创作一直努力探索的结果，节目以一种轻松幽默的方式让传统文化里的经典人物活灵活现，进而使传统文化走进了大众和社会。由此，《唐宫夜宴》也成为现代社会中人们所共享、传承及共同建构的又一事物。观众在欣赏"鬓云欲度香腮雪，衣香袂影是盛唐"的同时，感受中华厚重的历史和文化。

（资料来源：根据搜狐网站文章改编）

3. 创造文化产品

文化产品是指根据文化环境的不同进行有差异的设计，使之符合消费者的消费个性和消费价值，从而成为以物质消费为依托、以文化消费为目的的产品。文化产品可以是观念上的设计、形体上的设计，也可以是美学上的设计、知识上的设计，还可以是习惯上的设计、品位上的设计等。文化产品的标志是消费者能从产品中体会到文化的韵味。企业通过文化产品的标志吸引消费者，从而开拓市场。

4. 宣传文化营销理念

企业利用广告、公共关系、营业推广或人员推销等手段的目的不仅在于向目标消费者传播具有说服力的产品信息或企业信息，引导和说服消费者购买本企业的产品，还要把企业文化、产品文化、经营理念等灌输给消费者，从而达到引导的目的，甚至改变消费者的消费习惯。也就是说，文化营销实质上是企业与外部环境中的消费者或社会公众进行说服性沟通的过程。

5. 提高文化应变能力

文化应变能力是文化营销的基础，是指企业适应消费者消费个性和消费价值变化的反应能力。在知识经济条件下，企业和社会以创新为主导，使市场环境呈现快速变化的趋势，消费者的需求变化速度也明显加快。因此，企业必须提高文化应变能力。文化应变能力主要包括组织应变能力、设计应变能力、生产应变能力、营销应变能力等。

案例 3 文创雪糕大赛火了！这个行业为何总能出"网红"？

这个"五一"假期，游客拿着和景区造型相同的创意雪糕在景区前拍照"打卡"，成了旅游新时尚。5月1日，一款由三星堆博物馆推出的文创食品"青铜面具"冰激凌（见图9-4）在网络走红。据介绍，"青铜面具"冰激凌以三星堆祭祀坑出土的两款青铜面具为原型打造，目前推出了"青铜味"（抹茶味）、"出土味"（巧克力味）两种口味。

图 9-4 四川三星堆博物馆"青铜面具"冰激凌

中国多地景区也纷纷推出了各具特色的高颜值文创冰品，在网络上发起热搜话题"全国景区创意雪糕大赏"，上演了一场"全国文创雪糕大战"。

在湖南岳阳，岳阳楼和江豚造型的雪糕深受游客喜爱；四川推出熊猫造型雪糕"引爆"网络；湖北拿出了"武汉黄鹤楼雪糕""越王勾践剑慕斯""编钟巧克力"等一系列具有当地特色、好看又好吃的创意甜品（见图9-5）；江西"亮出"了滕王阁造型雪糕，雪糕保留了"明三暗七"的建筑特征，雪糕棒签上还附有名句"签文"；甘肃莫高窟推出草莓口味的"九层楼"造型雪糕，雪糕棒还可当作书签使用……

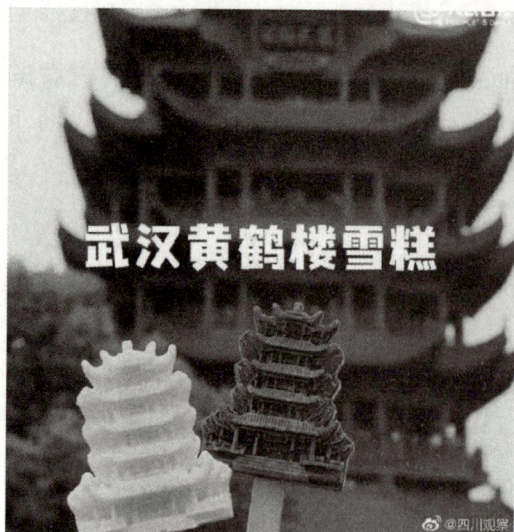

图 9-5　武汉黄鹤楼雪糕

近年来，随着"文创热"的兴起，文物和古迹开始焕发"青春活力"，各大景区的各种奇思妙想让一些文创产品"爆款"频出，独特新颖的"开盒"形式、可爱呆萌的形象设计，让许多馆藏文物以更加鲜活的形象走进了公众视野。

除了"好吃"的文创产品，还有"好玩"又"实用"的文创产品。湖南省博物馆推出的马王堆汉墓主题造型书签在这个"五一"假期受到游客的喜爱；此前，故宫推出的"彩妆"和"胶带"曾一度成为网红产品；河南博物院等国内多家博物馆推出的"考古盲盒"也在各大网购平台上热卖。不少买家表示，考古盲盒让他们"体验了一把考古学家挖掘文物的乐趣"。

各地推出的"文创雪糕"让文化知识能够在日常生活中落地生根，更加"接地气"，也是传统文化的创造性转化。

（资料来源：根据搜狐网站文章改编）

任务三　认知服务营销

如今，营销的方式多种多样，有网络广告营销、报刊营销、电视广告营销等。传统营销方式大众接触得比较多，但是很多人对服务营销却比较陌生。那么，现在我们就来走进服务营销的世界！

➥ 9.3.1　服务营销的本质

服务营销是指企业为了充分满足消费者需求，在营销过程中所采取的一系列活动。

当今社会，随着经济水平的提高，消费者需求已经开始由物质需求上升为精神需求。据国际权威机构调查，没能给客户提供高质量的服务会造成94%的客户离去；没有解决客户的问题会造成89%的客户离去；每个不满意的客户平均会向9个亲友叙述此次不愉快的购物经历；不满意的客户中有67%的客户要投诉；对于及时、高效、尽最大努力去解决客户投诉的企业，将有95%的客户会继续接受该企业的服务。这些数据表明，服务营销已经成为企业营销战略的重要手段之一。

同传统的营销方式相比较，服务营销是一种营销理念，即企业营销的是服务。传统的营销方式只是一种销售手段，企业营销的是具体的产品。从服务营销观念理解，消费者购买了产品仅仅意味着销售工作的开始而不是结束，企业关心的不仅是产品的成功售出，更注重的是消费者在享受企业通过产品所提供服务的全过程感受。

必胜客餐厅遍布世界各地一百多个国家，每天接待超过 400 万位顾客，烤制 170 多万个比萨饼。必胜客餐厅通过实施温馨情境设计与欢乐服务策略，迅速成为全球第一的比萨连锁餐厅企业。

（1）温馨的环境。必胜客餐厅的装潢更加偏重情调，昏黄幽暗的灯光流泻下来，映照在附着于墙壁上的抽象油画上，形成一圈一圈暗昧的影像，给人一种朦胧的温暖，仿佛在某一个散淡的黄昏里有一场波澜不惊的巧遇——只有一张比萨饼的距离，美食与文化的邂逅。

（2）欢乐服务。在必胜客餐厅里，没有呛人的油烟，没有令人作呕的蚊蝇，有的只是干净的桌椅、明亮的窗户，从而使顾客心情舒畅愉悦。为突出欢乐气氛，所有必胜客餐厅都增加了抽象派西式壁画、壁炉状的出饼台、到处可见的厨房小玩具等，还为就餐的年轻人和儿童量身定制了许多游戏项目。当顾客被服务员领到餐台前坐下后，服务员并不在顾客左右。这就是必胜客餐厅的距离式服务。"有距离"是为了让顾客产生"无距离"的感受。服务员的"眼力"好，当顾客有所需求时，他们会从顾客的眼神、表情或动作中读出顾客的期待，适时提供服务。正是由于这一系列欢乐元素，使其品牌精神得以在细节上体现出来，才使得这个洋品牌在古老的中国大地上生根发芽。

（资料来源：郑锐洪. 服务营销理论、方法与案例. 机械工业出版社）

9.3.2　服务营销的特点

1. 供求分散性

在服务营销活动中，服务产品的供求具有分散性。不仅企业方覆盖了第三产业的各个部门和行业，企业提供的服务也广泛而分散，而客户更是涉及各种类型的企业和不同类型的消费者。由于服务企业一般占地小、资金少、经营灵活，往往分散在社会的各个角落，因而要求服务网点要广泛而分散，尽可能地接近消费者。

例如，以"便利"著称的 7-11 便利店，每日 24 小时通宵营业，其成功秘诀在于方便性。可以说，方便性是一个便利店充满生命力的原因所在。随着人们的生活需要不断增加，7-11 便利店的服务范围也在不断扩大，集日杂百货、代收水电费、邮递等业务于一体，让消费者更深切地体会到了"方便"的含义。

2. 营销方式单一性

有形产品的营销可以采用经销、代理和直销多种方式。服务营销则由于生产与消费的统一性，只能采取直销方式。服务营销方式的单一性、直接性，在一定程度上限制了服务市场规模的扩大，也限制了服务业在许多市场上出售自己的服务产品，这给服务产品的推销带来了困难。

3. 营销对象复杂多变

服务市场的购买者是多元的、广泛的、复杂的。购买服务产品的消费者的购买动机和

目的各异。某个服务产品可能牵涉社会各行各业、各种不同类型的家庭和不同身份的个人，有的被用于生活，有的却被用于生产，如信息咨询、邮电通信等。

4. 服务消费者需求弹性大

根据马斯洛需求层次原理，人们对基本物质需求是一种原发性需求，这类需求者易产生共性；人们对精神文化消费的需求属继发性需求，这类需求者会因各自所处的社会环境和各自具备的条件不同而形成较大的需求弹性。服务需求受外界条件影响大，例如，季节的变化、科技的发展等对信息服务、环保服务、旅游服务、航运服务的需求造成重大影响。需求的弹性是服务业经营者最棘手的问题。

5. 对服务人员的技术、技能、技艺要求高

服务人员的技术、技能、技艺直接关系着服务的质量。消费者对各种服务产品的质量要求也就是对服务人员的技术、技能、技艺的要求。服务人员的服务质量不可能有唯一的、统一的衡量标准，而只能有相对的标准和凭购买者的感觉体会。

小贴士　　　　　　　　　　消费者满意十戒

(1) 绝不、永不欺骗消费者。

(2) 绝不要按毛利的百分比给员工支付薪水。

(3) 绝不要告诉消费者没法完成消费者提出的服务。

(4) 绝不夸口许诺，要始终出色地工作。

(5) 永不为利润额而担心，消费者的满意会使你得到回报。

(6) 永远待客如顾主，从消费者的需要出发。

(7) 永远公平地对待每一位客人。

(8) 永远在绝对最低的管理阶层关照消费者。

(9) 永远努力使事情一次办成。

(10) 接受偶尔失败，不要因偶尔失败而沮丧。

——摘自鲍勃·塔斯卡《蓝色绶带》

↘ 9.3.3　服务营销的管理

为了有效地利用服务营销实现企业竞争的目的，企业应针对自己固有的特点，制定和实施科学的服务营销策略，保证企业竞争目标的实现。为此，企业在开展服务营销活动、增强其竞争优势时，应注意研究以下几个问题。

1. 服务市场细分

任何一种服务市场都有为数众多、分布广泛的服务需求者。由于影响人们需求的因素是多种多样的，服务需求具有明显的个性化和多样化特征。因此，每个企业在实施服务营销策略时，都要把服务对象进行细分，在其基础上选定自己服务的目标市场，有针对性地开展营销组合策略，才能取得良好的营销效益。

2. 服务差异化

服务差异化是在企业面对较强的竞争对手时，在服务内容、服务渠道和服务形象等方面采取有别于竞争对手且又突出自己特征的一种做法。实现服务差异化可从以下3个方面着手。

（1）通过市场调研，根据自己的优势有针对性、创造性地开发服务项目，满足消费者的需要。

（2）采取有别于其他人的传递手段，迅速而有效地把企业的服务传递给服务接受者。

（3）注意运用象征物或特殊的符号、名称或标志来树立企业的独特形象。

3. 服务有形化

服务有形化是指企业借助服务过程中的各种有形要素，把看不见、摸不着的服务产品尽可能地实体化、有形化，让消费者感知到服务产品的存在，提高享用服务产品的利益过程。

（1）服务产品有形化。服务产品有形化是指通过服务设施等硬件技术，如自动对讲、自动洗车、自动售货、自动取款等技术来实现服务自动化和规范化；通过能显示服务的某种证据，如各种票券、牌卡等代表消费者可能得到的服务利益，区分服务质量，增强消费者对服务的感知能力。

（2）服务环境有形化。服务环境是指企业提供服务和消费者享受服务的具体场所和气氛。服务环境能给企业带来"先入为主"的效应，是服务产品存在的不可缺少的条件。

（3）服务提供者有形化。服务提供者是指直接与消费者接触的企业员工。服务提供者所具备的服务素质，以及与消费者接触的方式、态度等，会直接影响到服务营销的实现。企业应对员工（服务提供者）进行服务标准化的培训，以保证他们所提供的服务与企业的服务目标相一致。

4. 服务标准化

为统一企业的服务质量，企业应将技术性的常规工作标准化，以有效地促进企业服务水平的提高，具体做法可以从以下5个方面考虑。

（1）从方便消费者出发，改进服务质量，使服务程序合理化。

（2）制定要求消费者遵守的内容合理的规章制度，以诱导、规范消费者接受服务的行为。

（3）改善服务设施，美化服务环境，为消费者等待和接受服务提供良好条件。

（4）明码实价地标明不同档次、不同质量的服务水平，满足不同层次消费者的需求。

（5）规范服务提供者的言行举止，使服务生产和消费能够在轻松、愉快的环境中完成。

5. 服务品牌

服务品牌是指企业用来区别于其他企业服务产品的名称、符号、象征或设计，由服务品牌名称和展示品牌的标识语、颜色、图案、符号、制服、设备等可见性要素构成。企业

通过创名牌来树立自己独特的形象，以建立和巩固企业特殊的市场地位，在竞争中保持领先的优势。

6. 服务公关

服务公关是指企业为改善与社会公众的联系状况，增进公众对企业的认识、理解和支持，并树立良好的企业形象而进行的一系列服务营销活动。企业通过服务公关活动，加强与消费者的联系，使消费者对企业服务的预期愿望尽可能地与企业提供的实际服务相一致，保证企业服务需求的稳定发展。

案例 5   想成为胖东来，要先学会胖东来怎样做服务

胖东来为什么能这么火？原因是胖东来追求极致的客户服务，胖东来以极致的服务著称，被誉为商超界的海底捞，零售界有句话是，中国超市只分两种：胖东来和其他超市。只要进入胖东来，你所有的需求他们都会帮你想到。像一般超市都有购物车和购物篮，胖东来不仅有，而且有七种不同款型的购物车，每种车的用法还会标注，顾客各取所需，例如，老年人专用款购物车（见图9-6），不仅自带可供休息的板凳，还有放大镜，方便老人查阅商品。

图 9-6 胖东来老年人专用款购物车

胖东来的卫生间会为不同年龄段的孩子准备适合他们身高的座便器和小便斗，更为宝妈们准备了舒适卫生的母婴室，方便妈妈们喂养孩子和休息（见图9-7）。

图 9-7 胖东来超市母婴室

由于冷柜温度较低，为了方便客户拿取商品，胖东来会贴心地准备手套。新鲜的鱼虾需要保鲜，胖东来会准备免费的冰块，客户可根据需要拿取，用于生鲜类产品的保鲜（见图9-8）。

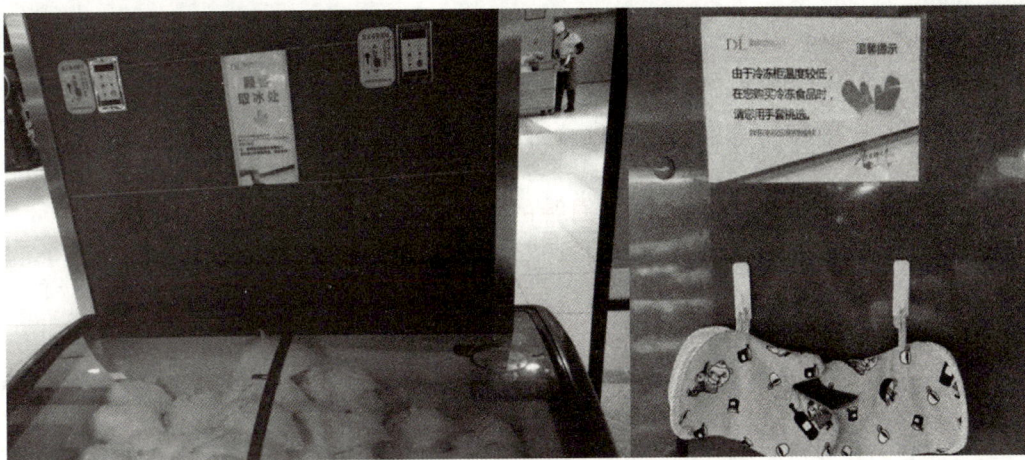

图9-8 胖东来超市准备的手套和免费冰块

商品信息的标准不仅限于价签，胖东来工作人员会根据产品的特性标注更丰富的产品信息和使用注意事项，例如，在卖柿子的产品堆头前会友情提示空腹不能吃柿子，不要和蟹、鱼、虾同食；卖保温杯的货架前会提示杯子清洗使用的细节和注意事项（见图9-9）。

图9-9 产品提示

很多人把胖东来当作家，即使不买东西也要来逛一逛。这种利他又利己的服务应当成为这个行业的可执行的范本，为员工创造价值、为顾客创造快乐、为社会创造幸福。

（资料来源：根据个人图书馆朦胧斋主人的文章改编）

任务四 认识绿色营销

人类的工业文明仅仅经历了一百多年的历史，就已经让地球付出了沉重的代价。随着资源短缺、环境的进一步恶化、淡水的枯竭、大气层的破坏、地球变暖等生态及环保问题的加剧，人们开始将生态安全观念、环保观念扎根于人类的思维理念中，开始倡导"绿色

消费"。随着人类进入环保时代，人们更加注重健康、环保，崇尚回归自然、追求健康的绿色消费之风悄然兴起。企业则纷纷根据消费者绿色需求，开始采用绿色营销模式。

➥ 9.4.1　绿色营销的含义

所谓绿色营销是指企业以环境保护为经营指导思想，以绿色文化为价值观念，以消费者的绿色消费为中心和出发点的营销观念、营销方式和营销策略。绿色营销要求企业在经营中贯彻自身利益、消费者利益和环境利益相结合的原则。

🧩 小贴士　　　　　　　　　　　备受青睐的绿色产品

带有绿色标志的产品日益博得消费者的青睐。据统计，在欧洲市场上40%的人更喜欢购买绿色产品，那些贴有绿色标志的产品在市场上更受青睐。欧盟的一项调查显示，德国82%的消费者和荷兰67%的消费者在超级市场购物时，会考虑环保问题。在亚洲，挑剔成癖的日本消费者更胜一等，对普通的饮用水和空气都以"绿色"为选择标准，罐装水和纯净的氧气成为市场的抢手货；韩国的消费者争先购买那些几乎绝迹的茶籽，作为天然的洗发剂。

➥ 9.4.2　绿色营销的策略

在绿色消费的大潮之下，绿色营销随着国际社会对环保的日益关注不断发展完善起来。那么，作为企业该如何转变观念，实施绿色营销呢？下面我们来了解绿色营销的实施策略。

1. 制订绿色营销计划

企业对于绿色营销的实施和开展必须要有充足的准备，这要求企业在进行深入市场调研后，要将企业产品和品牌进行合理的市场定位，分析潜在市场容量和潜在消费者购买能力，对绿色营销资源有效整合，发挥绿色营销独特的作用，扬长避短，实现绿色营销的综合效益最大化。

针对绿色营销的战略意义，要求企业有一个明确的绿色发展计划，包括产品绿色发展周期、绿色品牌实施计划、绿色产品研发、绿色营销推广、绿色营销服务等内容，真正满足消费者的绿色需求。

2. 设计绿色产品

绿色营销的开端是要从源头抓起。要求企业从材料的选购、产品结构、功能性能、设计理念、制造过程开始层层把关，加强生态、环保、节能、资源利用等方面的控制与遴选，确保绿色消费的达成。除此之外，在产品的包装、运输、储存及使用、废弃物的处理等方面都要考虑各种有可能受到影响的绿色因素，树立企业品牌的绿色健康形象。美国生产尿布的企业，从环保角度出发，进行广告促销，强调布尿片埋在土里至少要经过500年才能分解，而纸尿片在土里很快分解，于是纸尿片在公众心中树起了"绿色形象"，短短

3年，其销量猛增到原来的 1.8 倍。

3. 绿色营销价格策略

一般来说，绿色产品在市场的投入期，生产成本会高于同类传统产品，因为绿色产品成本中计入了包括研发费用、绿色原料、绿色工艺等在内的环保成本。但是，价格的上升会是暂时的，随着科学技术的发展和各种环保措施的完善，其制造成本会逐步下降，趋向稳定。随着人们环保意识的增强，消费者经济收入的增加，消费者对产品可接受的价格观念会逐步与消费观念相协调。所以，企业营销绿色产品不仅能使企业赢利，更能在同行竞争中取得优势。

4. 绿色营销渠道策略

绿色营销渠道是指绿色产品从生产者转移到消费者所经过的通道。企业在建立稳定的绿色营销渠道时可从以下几方面努力。

（1）启发和引导中间商的绿色意识，建立与中间商恰当的利益关系，不断发现和选择热心的营销伙伴，逐步建立稳定的营销网络。

（2）注重营销渠道有关环节的工作。为了真正实施绿色营销，从绿色交通工具的选择、绿色仓库的建立，到绿色装卸、运输、储存、管理办法的制定与实施，要认真做好绿色营销渠道的一系列基础工作。

（3）尽可能建立短渠道、宽渠道，减少渠道资源消耗，降低渠道费用。

5. 绿色营销促销策略

绿色营销促销是指通过绿色促销媒体，传递绿色信息，指导绿色消费，启发引导消费者的绿色需求，最终促成购买行为。

（1）绿色广告。通过广告对产品的绿色功能进行定位，引导消费者理解并接受广告诉求。

（2）绿色推广。通过营销人员的推广，直接向消费者宣传产品的绿色功能，宣讲绿色营销的发展趋势，并通过试用、馈赠、优惠等策略，引导消费兴趣，促成购买行为。

（3）绿色公关。通过一系列公关活动，如发表文章、播放影视资料、社交联谊、参与环保公益活动、赞助等，广泛与社会公众进行接触，增强公众的绿色意识，为绿色营销建立广泛的社会基础，促进绿色营销业的发展。

例如，日本一家超级市场要求顾客自备购物袋，以便减少使用塑料袋。超级市场发给每位顾客登记卡，对于自备购物袋的顾客，商店每次在其登记卡上盖章，积累到一定数量后，商店免费赠送一定价值的产品。

案例6 "MA沙棘"开售！支付宝进军饮料行业？

说到蚂蚁森林很多人都不会陌生，它是在支付宝里上线的小游戏。有很多人都在这上面玩得乐此不疲，为了偷点能量，起早贪黑废寝忘食。从此叫醒你的不再是银行卡里的余额，也不是闹钟和梦想，而是别人家的能量，这样每天这里薅5克那边撸10克，只是为

了养成一颗树！与曾经只限于虚拟游戏的偷菜不同，蚂蚁森林的能量能兑换真实的树木，如梭梭树、樟子松、沙柳、胡杨等，当你的能量达到每种树木所需的能量时，支付宝联合相关的组织会在沙漠地区为你种下一颗真的树。

在2018年11月19日，支付宝蚂蚁森林上线了新树种——沙棘，并称这是首款可以吃的蚂蚁森林。"MA沙棘"饮料正是首款依托支付宝蚂蚁森林树种开发的生态产品，首批上市的10万箱，瞬间被秒光。支付宝表示，除去原料采收、厂商加工的成本，"MA沙棘"的全部收益都将捐赠给"中国扶贫基金会"，用于中西部地区的生态环境保护及脱贫增收。沙棘不单能够固沙护土、保护环境，还能采摘沙棘果制成沙棘汁为当地农民带来不错的收益，有效的帮助西北贫困人民实现脱贫致富。支付宝此举也是再一次体现了一个企业的社会价值，不仅仅盈利，还能为社会做出贡献，因此大家更加期待自己种的沙棘什么时候成熟，尝一尝自己的沙棘果汁是什么味道的（见图9-10）。

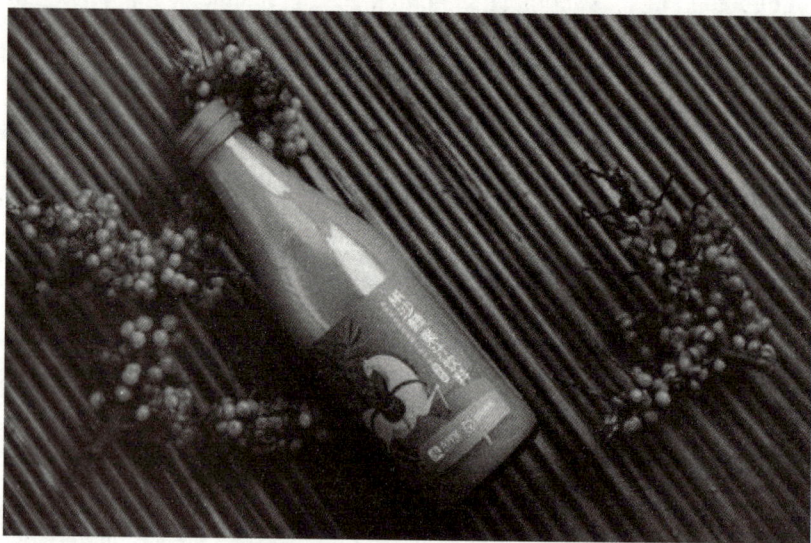

图9-10　MA沙棘果汁

（资料来源：站长之家）

练习与实训九

一、判断题（正确的打"√"，错误的打"×"）

1. 电子邮件营销与垃圾邮件的本质区别在于是否实现获得用户许可。（　　）

2. 网络营销与传统营销都是企业的一种经营活动，都是为了实现企业的经营价值。
（　　）

3. 服务营销是一种营销理念，企业营销的是服务，而传统的营销方式只是一种销售手段，企业营销的是具体的产品。（　　）

4. 文化营销既包括浅层次的构思、设计、造型、装潢、包装、商标、广告、款式，

又包含对营销活动的价值评判、审美评价和道德评价。　　　　　　　　（　　　）

5. 服务营销的核心是消费者的满意和忠诚。　　　　　　　　　　　　（　　　）

二、选择题

1. （　　　）不是网络营销的特点。

A. 能够直接触摸产品　　　　　　　　B. 表现方式丰富多彩

C. 交互性　　　　　　　　　　　　　D. 不受时空限制

2. 在绿色理论和绿色意识的指引下，实施绿色营销的企业，必须制订（　　　）。

A. 市场营销计划　　　　　　　　　　B. 市场营销战略

C. 绿色营销计划　　　　　　　　　　D. 市场营销组合

3. 文化营销的策略是（　　　）。

A. 准确的文化定位　　　　　　　　　B. 设计企业的核心价值

C. 创造文化产品　　　　　　　　　　D. 宣传文化营销理念

E. 提高文化应变能力

4. 企业在营销活动中，谋求消费者利益、企业利益与环境利益的协调，既要充分满足消费者的需求，实现企业利润目标，也要充分注意自然生态平衡，实现经济与市场的可持续发展，这被称为（　　　）。

A. 网络营销　　　　　　　　　　　　B. 绿色营销

C. 整合营销　　　　　　　　　　　　D. 服务营销

三、简答题

1. 网络营销有哪些方法？

2. 文化营销的内涵是什么？

3. 服务营销的管理过程是怎样的？

4. 绿色营销组合的策略有哪些？

四、案例分析题

奇葩说的经营策略

《奇葩说》是由马东主持的由 2014 在爱奇艺上映的首档说话达人秀。其以明确的用户需求、创新"年轻态度"的出场方式以及与相关冠名商合作实现共赢的理念形成独树一帜的经营策略。

一、网络环境

1. 首先信息技术的日益完善，使互联网用户呈现持续增长的趋势。智能手机的迅速崛起，软硬件基础设施的逐步完善，引发新一届互联网改革，为互联网用户提供更多群众基础。

2.4G、WIFI、RFID 射频技术、传感技术等的发展以及广告商对视频网站广告投入的重视。

3. 大数据、云计算时代下服务商对用户需求进行更加精准的定位，并且时时调整营

销策略，以《奇葩说》为例，进行用户渗透行为分析，占领了策略制高点。

4. 开放性及互动性实时响应用户需求的网络环境为用户转发传递信息打开了广阔的平台。

5. 形式多样的网络传播形式（微信、微博话题讨论，公众号推送，多方视频平台的播放及活动互动）加大《奇葩说》的知名度。

二、经营战略

1. 市场情况。

（1）首先选择目标市场，根据数据量化分析，10~（改居中）39 岁年龄段为互联网主要群体。《奇葩说》栏目正是要培养这些用户的忠诚度。《奇葩说》根据受众群众学历高等特点，专门涉及各行各界，类型范围广。邀请的嘉宾一般是知名度较高、极具话题性的大师级别人物。辩论社会热点，揭露人生百态，在幽默的同时，引发大家的思考；

（2）培养"80 后""90 后"的忠实观众，提高市场份额。

2. 营销方式。

（1）首先进行明确的节目定位，为以后的发展方向奠定基础。首先定义《奇葩说》是综艺性娱乐节目；同时加大选手和评委及嘉宾互动，展示自身新奇、独特的思维方式；最终结果由网友及评委共同选择，提供听众的参与度。

（2）《奇葩说》被定义为说话类达人秀，是辩论类节目。总的定义是"娱乐+真人秀+辩论+谈话"。

三、发展战略

1. 利用大数据优势，通过精准的用户定位，实现节目形式以及广告方式内容的创新。

2. 发挥内容营销为主的原则，真正为用户提供新鲜血液。

3. 实行个性化定制，根据不同用户的不同需求，利用个性化板块，推广用户感兴趣的内容。

4. 不断从实践中学习真知，不断吸收新内容，改进发展模式，跟随时代的步伐。

（资料来源：秀友百科）

《奇葩说》采用的网络营销方法有哪些？你从中得到了哪些启发？

五、课外实践

1. 以小组为单位，搜集一个创新营销模式的案例，并在全班交流。

2. 请你观察一下，身边的企业是如何开展绿色营销的？将它们的做法加以总结。

参 考 文 献

[1] 菲利普·科特勒,等.营销管理 [M].梅清豪,译.上海:上海人民出版社,2006.

[2] 王翎.市场营销.北京:中国劳动社会保障出版社,2012.

[3] 赵俊芳.市场营销基础 [M].南京:江苏教育出版社,2011.

[4] 方妙英.苹果橘子营销学 [M].北京:化学工业出版社,2009.

[5] 孙乐增.市场营销基础教程 [M].上海:立信会计出版社,2008.

[6] 方光罗.市场营销学 [M].大连:东北财经大学出版社,2007.

[7] 吴建安.市场营销学 [M].北京:高等教育出版社,2007.

[8] 杜明汉.市场营销知识 [M].北京:中国财政经济出版社,2012.

[9] 曾凡跃.现代市场营销策略 [M].北京:电子工业出版社,2005.

[10] 李红梅.市场营销实务 [M].北京:电子工业出版社,2009.

[11] 罗绍明.市场营销实训指导 [M].北京:机械工业出版社,2013.

[12] 河南省职业技术教育教学研究室.市场营销知识 [M].北京:经济科学出版社,2010.

[13] 杨丽佳.市场营销案例与实训 [M].北京:高等教育出版社,2006.

[14] 罗君.营销实战手册 [M].深圳:海天出版社,2005.

[15] 范云峰,张长建.市场营销 [M].北京:中国经济出版社,2006.

[16] 冯银虎,符亚男.市场营销教程 [M].北京:机械工业出版社,2011.

[17] 何云春.现代市场营销学 [M].合肥:安徽教育出版社,2009.

[18] 于家臻,毛艳丽.市场营销基础学习导航与习题 [M].北京:电子工业出版社,2012.

[19] 彭纯宪.网络营销 [M].北京:高等教育出版社,2011.

[20] 杨勇,束军意.市场营销:理论、案例与实训 [M].北京:中国人民大学出版社,2011.

[21] 杨保军.读寓言故事学营销法则 [M].广州:广东经济出版社,2013.

[22] 束军意.市场营销——原理、工具与实务 [M].北京:机械工业出版社,2011.

[23] 佘伯明.市场营销实务 [M].大连:东北财经大学出版社,2013.

[24] 黄涌波,李贺,张旭凤.市场营销实务——理论、案例、实训 [M].上海:上海财经大学出版社,2014.

[25] 干冀春,和东芹.市场营销实务 [M].北京:北京理工大学出版社,2011.

[26] 刘昱涛.市场营销实务 [M].北京:电子工业出版社,2013.

[27] 孟展.中国第一台网上订制的冰箱在海尔诞生 [J].科技日报,2000.

反侵权盗版声明

电子工业出版社依法对本作品享有专有出版权。任何未经权利人书面许可，复制、销售或通过信息网络传播本作品的行为，歪曲、篡改、剽窃本作品的行为，均违反《中华人民共和国著作权法》，其行为人应承担相应的民事责任和行政责任，构成犯罪的，将被依法追究刑事责任。

为了维护市场秩序，保护权利人的合法权益，我社将依法查处和打击侵权盗版的单位和个人。欢迎社会各界人士积极举报侵权盗版行为，本社将奖励举报有功人员，并保证举报人的信息不被泄露。

举报电话：（010）88254396；（010）88258888

传　　真：（010）88254397

E-mail：　dbqq@phei.com.cn

通信地址：北京市海淀区万寿路 173 信箱

　　　　　电子工业出版社总编办公室

邮　　编：100036